U0139251

陳潔淮 編著

說文解字入門

文史哲出版社 印行

國家圖書館出版品預行編目資料

說文解字入門 / 陳潔淮編著. -- 初版 -- 臺北
市：文史哲, 民 84.5
面； 公分
ISBN 978-957-547-952-7（平裝）

1.說文解字－評論

802.226 84004199

說文解字入門

編著者：陳 潔 淮
出版者：文 史 哲 出 版 社
http:// www.lapen.com.tw
e-mail：lapen@ms74.hinet.net
登記證字號：行政院新聞局版臺業字五三三七號
發行人：彭 正 雄
發行所：文 史 哲 出 版 社
印刷者：文 史 哲 出 版 社
臺北市羅斯福路一段七十二巷四號
郵政劃撥帳號：一六一八〇一七五
電話886-2-23511028・傳真886-2-23965656
實價新臺幣四六〇元
一九九五年（八十四年）五月初版

ISBN 978-957-547-952-7 81223

謹㠯此書紀念

先師修竹園陳公下世卅四周年

弁言

昔張南皮有言，由小學入經學者，其經學可信；小學，即文字音訓之學，治國學之柄也。余從先師修竹園陳公習說文，廿有餘年矣。逮後以是執教上庠者，又復十數年。慨感鄦書浩瀚富贍，歷來說者又衆，若逐字講釋，經年未盡十之一，且有或數字音同義異，分屬多部，或古今叚借，各出異篇，翻檢固不便，而學者亦難記也。乃彙抽釋各篇之常用字、同異字、古今字，以為講授之資。時日既久，積稿彙多，鈔寫維艱，因纂次存稿，都為二篇，以便學者。前篇單釋部目，題曰說文解字入門；後篇則按

部選釋、題曰說文解字導讀、惟囿於日力、疏漏難免、大
雅君子、希諭正之、歲次庚午陳潔淮於孫往齋、

書例

一本書原文悉依鼎臣本，至段本之異文則亦錄之。

一本書除依鼎臣及段注外，並參攷徐鍇說文解字繫傳、惠棟惠氏讀說文記、席世昌席氏讀說文記、王紹蘭說文段注訂補、鈕樹玉段氏說文注訂、徐承慶說文解字注匡謬、徐灝說文解字注箋、桂馥說文解字義證、王筠說文句讀、說文釋例、朱駿聲說文通訓定聲、錢坫說文解字斠銓、王玉樹說文拈字、李富孫說文辨字正俗、饒炯說文解字部首訂、及先師湛公遺說。為行文之便，除直引原文外，其歸納眾說者，概不另標出處，非有意於剿竊也。

一　原書說解頗多借字，殆非鄭君之舊，實後人傳寫之誤，故悉於注解中辯其本字當為某，其重出者，則直書本字。

一　間有說解已甚簡明，無須注釋者，則但錄原文。

一　凡字屬順行會意而鼎臣作从某从某者，俱依段作从某某。

一　凡說解云象某之形，而六書屬指事會意者，為免學者混淆，特於括號內著明之。

一　本書仍依鼎臣本用孫愐切韻，間有古今音變，或難得正讀者。為便初學者。概於括號內標音某。

一本書為歷年講稿。非成於一時。故書法詳畧。未盡一

毋。姑聽之。

說文解字標目

說文解字弟一上

一 一、於悉切 1
丄 上、時掌切
示 示、神至切
三 三、穌甘切 2
王 王、雨方切
玉 玉、魚欲切 3
玨 玨、古岳切
气 气、去既切
士 士、鉏里切 4
丨 丨、古本切

說文解字弟一下

屮 屮、丑列切 5
艸 艸、倉老切
蓐 蓐、而蜀切
茻 茻、模朗切

說文解字弟二上

小 小、私兆切 6
八 八、博拔切
釆 釆、蒲莧切 7
半 半、博幔切
牛 牛、語求切
犛 犛、莫交切 8
告 告、古奧切
口 口、苦后切
凵 凵、口犯切
吅 9 吅、況袁切
哭 哭、苦屋切
走 走、子苟切
止 止、諸市切
癶 癶、北末切
步 步、薄故切

此 雌氏切 10

說文解字第二下

正 之盛切
是 承旨切 11
辵 丑略切
彳 丑亦切
廴 余忍切
㢟 丑連切 12
行 戶庚切
齒 昌里切
牙 五加切 13
足 即玉切
疋 所菹切
品 丕飲切 14
龠 以灼切
冊 楚革切

說文解字第三上

㗊 阻立切 15
舌 食列切
干 古寒切
谷 其虐切
只 諸氏切 16
㕯 女骨切
句 古侯切
丩 居虯切
古 公戶切
十 是執切 17
卅 蘇沓切
言 語軒切
誩 渠慶切 18
音 於今切
䇂 去虔切
丵 士角切
菐 蒲沃切 19
廾 居竦切
𠬞 普班切
共 渠用切

異 羊吏切 20
舁 以諸切
𦥑 居玉切
䢅 食鄰切 21
爨 七亂切

說文解字第三下

革 古覈切 22
鬲 郎激切
䰜 郎激切
爪 側狡切 23
丮 几劇切
鬥 都豆切
又 于救切 24
𠂇 臧可切
史 疏士切
支 章移切
𦘒 尼輒切 25
聿 余律切
畫 胡麥切
隶 徒耐切
臤 苦閑切 26
臣 植鄰切
殳 市朱切
殺 所八切
𠘧 市朱切 27
寸 倉困切
皮 符羈切
㼱 而兗切 28
攴 普木切
教 古孝切
卜 博木切
用 余訟切 29
爻 胡茅切
㸚 力几切

說文解字第四上

旻 火劣切 30
目 莫六切
䀠 九遇切
眉 武悲切
盾 食閏切 31

說文解字弟四下

自 疾二切
自 疾二切
鼻 父二切
皕 彼力切 32
習 似入切
羽 王矩切
隹 職追切
奞 息遺切
雈 胡官切 33
𦫳 工瓦切
首 徒結切
羊 與章切
羴 式連切 34
瞿 九遇切
雔 市流切
雥 徂合切 35
鳥 都了切
烏 哀都切

華 北潘切 36
冓 古候切
幺 於堯切
𢆶 於虯切
叀 職緣切 37
玄 胡涓切
予 余呂切 38
放 甫妄切
𠬪 平小切
奴 昨干切
歺 五割切 39
死 息姊切
冎 古瓦切
骨 古忽切
肉 如六切
筋 居銀切 40
刀 都牢切
刃 而振切
㓞 格八切
丯 古拜切 41
耒 盧對切
角 古岳切

食 乘力切
亼 秦入切
會 黃外切
倉 七岡切 54
入 人汁切

缶 方九切
矢 式視切 55
高 古牢切
冂 古熒切
𩫏 古博切 56

京 舉卿切
亯 許兩切
㫗 胡口切 57
畗 芳逼切 58
㐭 力甚切

嗇 所力切
來 洛哀切 59
麥 莫獲切
夊 楚危切 60
舛 昌兗切

舜 舒閏切
韋 宇非切 61
弟 特計切
夂 陟侈切
久 舉友切

桀 渠列切 62

說文解字弟六上

木 莫卜切 62
東 得紅切
林 力尋切 63
才 昨哉切

說文解字弟六下

叒 而灼切 64
之 止而切 65
帀 子荅切
出 尺律切
𣎵 普活切

生 所庚切 66

乇 陟格切

𠂹 是為切

𠌶 況于切

華 戶瓜切 67

禾 古兮切

稽 古兮切

巢 鉏交切

桼 親吉切

束 書玉切 68

橐 胡本切

囗 羽非切

員 王權切

貝 博蓋切

邑 於汲切 69

𨛜 胡絳切

說文解字第七上

日 人質切 70

旦 得案切

倝 古案切

㫃 於幰切

冥 莫經切 71

晶 子盈切

月 魚厥切

有 云九切

朙 武兵切 72

囧 俱永切

夕 祥易切

多 得何切

毌 古丸切 73

𢎘 乎感切

東 胡感切

卤 徒遼切

齊 徂兮切

朿 七賜切 74

片 匹見切

鼎 都挺切

克 苦得切

彔 盧谷切 75

禾 戶戈切

秝 郎擊切

黍 舒呂切 76

香 許良切

米 莫礼切

毇 許委切

臼 其九切 77

凶 許容切

說文解字第七下

朩 匹刃切 77

𣏟 匹卦切

麻 莫遐切 78

尗 式竹切

耑 多官切

韭 舉友切 79

瓜 古華切

瓠 胡誤切

宀 武延切

宮 居戎切 80

呂 力舉切

穴 胡決切

㝱 莫鳳切

疒 女戹切 81

冖 莫狄切

𠔼 莫保切

冃 莫報切 82

㒳 良奬切

网 文紡切

襾 呼訝切 83

巾 居銀切

巿 分勿切

帛 旁陌切

白 旁陌切 84

㡀 毗祭切

黹 陟几切

說文解字第八上

人 如鄰切 85

七 呼跨切

匕 卑履切 86

从 疾容切

比 毗至切

說文解字弟九下

県 古堯切
須 相俞切 97
彡 所銜切
彣 無分切
文 無分切

髟 必凋切 98
后 胡口切
司 息茲切
卮 章移切 99
卩 子結切

印 於刃切
色 所力切
卯 去京切 100
辟 必益切
勹 布交切 101

包 布交切
茍 己力切 102
鬼 居偉切
甶 敷勿切 103
厶 息夷切

嵬 五灰切

山 所居切 104
屾 所臻切
屵 五葛切
广 魚儉切
厂 呼旱切 105

丸 胡官切
危 魚為切
石 常隻切
長 直良切 106
勿 文弗切

冄 而琰切 107
而 如之切
豕 式視切
㣇 羊至切 108
彑 居例切

豚 徒魂切
豸 池爾切
𧰼 徐姊切 109
易 羊益切
象 徐兩切

說文解字第十上

馬 莫下切 110
廌 宅買切
鹿 盧谷切
麤 倉胡切
㲋 丑略切 111

兔 湯故切
萈 胡官切
犬 苦泫切
㹜 語斤切 112
鼠 書呂切

能 奴登切
熊 羽弓切 113
火 呼果切
炎 于廉切
黑 呼北切

說文解字第十下

囪 楚江切 114
焱 以冉切
炙 之石切
赤 昌石切 115
大 他達切

亦 羊益切
夨 阻力切 116
夭 於兆切
交 古爻切
尢 烏光切 117

壺 戶吳切
壹 於悉切
㚔 尼輒切
奢 式車切 118
亢 古郎切

夲 土刀切
夰 古老切 119
亣 他蓋切
夫 甫無切
立 力入切 120

竝 蒲迥切
囟 息進切
思 息茲切
心 息林切
惢 才規切 121

說文解字第十一上

水 式軌切 121

說文解字第十一下

沝 之壘切 122
瀕 符真切
𡿨 姑泫切
巜 古外切 123
川 昌緣切

泉 疾緣切
灥 詳遵切 124
永 于憬切
𠂢 匹卦切
谷 古祿切 125

仌 筆陵切
雨 王矩切
雲 王分切
魚 語居切 126
𩺰 語居切

燕 於甸切
龍 力鐘切
飛 甫微切 127
非 甫微切
卂 息晉切

說文解字第十二上

乚 烏轄切 128
不 方久切
至 脂利切
西 先稽切 129
鹵 郎古切

鹽 余廉切
戶 侯古切
門 莫奔切
耳 而止切 130
𦣝 與之切

手 書九切

乖 古懷切

說文解字第十二下

女 尼呂切 131

毋 武扶切

民 彌鄰切

丿 房密切 132

厂 余制切

乁 弋支切

氏 承旨切

氐 丁禮切 133

戈 古禾切

戉 王伐切

我 五可切 134

亅 衢月切

琴 巨今切

乚 於謹切 135

亾 武方切

匸 胡禮切

匚 府良切 136

曲 丘玉切

甾 側詞切

瓦 五寡切 137

弓 居戎切

弜 其兩切

弦 胡田切 138

系 胡計切

說文解字第十三上

糸 莫狄切 139

素 桑故切

絲 息茲切

率 所律切

虫 許偉切 140

說文解字第十三下

蚰古魂切

蟲直弓切

風方戎切 141

它託何切

龜居追切 142

黽莫杏切

卵盧管切

二而至切 143

土它魯切

垚吾聊切 144

堇巨斤切

里良止切

田待年切

畕居良切 145

黃乎光切

男那含切

力林直切

劦胡頰切 146

說文解字弟十四上

金居音切 146

幵古賢切 147

勺之若切

几居履切

且子余切

斤舉欣切 148

斗當口切

矛莫浮切

車尺遮切

𠂤都回切 149

說文解字弟十四下

𨸏房九切 150

𨺅似醉切

厽力軌切 150

四息利切

宁直呂切 151

叕陟劣切

亞衣駕切

五疑古切

六力竹切 152

七親吉切

九 舉有切

禸 人九切

嘼 許救切 153

甲 古狎切

乙 於筆切 154

丙 兵永切

丁 當經切

戊 莫候切 155

己 居擬切

巴 伯加切

庚 古行切

辛 息鄰切 156

辡 方免切

壬 如林切 157

癸 居誄切

子 即里切 158

了 盧鳥切

孨 旨兗切

𠫓 他骨切

丑 敕九切 159

寅 弋真切

卯 莫飽切 160

辰 植鄰切

巳 詳里切 161

午 疑古切

未 無沸切

申 失人切 162

酉 與久切

酋 字秋切 163

戌 辛律切

亥 胡改切

說文解字第一上

一

惟初太始、(段作「太極」)道立於一、造分天地、化成萬物、凡一之屬皆从一、於悉切（指事）

弌　古文一

道立於一、一卽太極、易繫傳曰「易有太極、是生兩儀、兩儀生四象、四象生八卦」老子曰「道生一、一生二、二生三、三生萬物」一於上字爲天、於下字爲地、於正字爲道也

丄

(段改作二)高也、此古文上、指事也、

上　篆文上、

凡丄之屬皆从丄、時掌切

示

天垂象見吉凶所以示人也从二三垂日月星也觀乎天文以察時變示神事也凡示之屬皆从示神至切（指事）

古文示

「天垂象見吉凶」者易繫傳曰「天垂象見吉凶聖人則之」又曰「縣象著明莫大乎日月」「觀乎天文以察時變」者易賁彖云「觀乎天文以察時變觀乎人文以化成天下」時變言日月遲疾錯行星辰出沒怪異是也晉書天文志「昔在庖犧觀象察法以通神明之德以類天地之情可以藏往知來開物成務故易曰天垂

象見吉凶聖人象之此則觀乎天文㠯察時變者也」示神事也者言天縣象著明㠯示人聖人因㠯神道設教易觀彖曰「聖人㠯神道設教而天下服」

三

天地人之道也从三數凡三之屬皆从三穌甘切

弎 古文三从弋

三者天地人三才之道也老子道生一一生二二生三二謂天地三謂天地人也易說卦傳曰「立天之道曰侌與昜立地之道曰柔與剛立人之道曰仁與義兼三才而兩之故易六畫而成卦」又繫辭傳曰「易之為書也有天道焉

王

有地道焉、有人道焉、兼三才而兩之、故六、六者非他也、三才之道也。又易緯乾鑿度云「天有侌昜、地有柔剛、人有仁義、是為三才」

天下所歸往也。董仲舒曰、古之造文者、三畫而連其中謂之王、三者天地人也、而參通之者王也。孔子曰一毌三為王。凡王之屬皆从王。李陽冰曰、中畫近上。

古文 王

王者則天之義、雨方切

董仲舒春秋繁露王道通三篇云「古之造文者、三畫而連其中、謂之王、三畫者、天地與人也、而連其中者、通其道也、取天地與人之中、以為貫而參通之、非王者孰能當是」王者則天者、老子曰「天道無親、常與善人」尚書蔡仲之命曰「皇天無親、惟德是輔」

王

石之美者、有五德、潤澤以溫、仁之方也、䚡理自外、可以知中、義之方也、其聲舒揚、尃（段作專、非是）以遠聞、智之方也、不橈而折、勇之方也、銳廉而不忮、絜之方也、象三玉之連、丨、其貫也、（陽冰曰、三畫正均如貫玉也、魚欲切）

古文

玉、

案、詩經秦風小戎篇鄭箋亦言玉有五德、禮記聘義有十、管子有九、荀子有七、說苑有六、䚡理猶文理、自外知中、明辨是非之意。專、布也。舒也、即舒揚之意。周礼攷工記鳧氏「鍾小而長、則其聲舒以遠聞」。橈、曲也。不橈而折、謂有叔而已、不可屈也。忮、很也。廉謂廉利、風骨稜稜也。礼儒行篇「近文章砥厲廉隅」

玨

二玉相合為一玨。凡玨之屬皆从玨。古岳切

瑴

玨或从㱿

气

雲气也。象形。凡气之屬皆从气。去既切

气、雲气也。引伸為凡气之偁。今則叚氣為之。米部「氣、饋客芻米也。从米气聲。春秋傳曰齊人來氣諸侯」

士

「槩」氣或从既」「餼」氣或从食」則氣與餼原一字耳。又鄭書無乞字，本止作气匃。蓋凡求乞者必於上，因借乞為求乞字。亾部「匃，乞也。亾人為匃。」

事也。數始於一，終於十。从一十。孔子曰：推十合一為士。凡士之屬皆从士。鉏里切

數始於一，終於十。學者由博反約，故云推十合一。中庸云：「博學之，審問之，慎思之，明辨之，篤行之。」此皆士之事。推而行之，以求其至是也。

丨

上下通也。引而上行讀若囟，引而下行讀若退。凡丨之屬皆从丨。古本切（音袞）

「上下通也」者，如屮字，即上下達；「引而上行」謂自下通於上，如才字之上貫一；「引而下行」謂自上通於下，下行之字不見於本書，段氏以為至字當引而下，繫傳徐箋鉉以巾字為下行，恐未然。

艸　　　屮

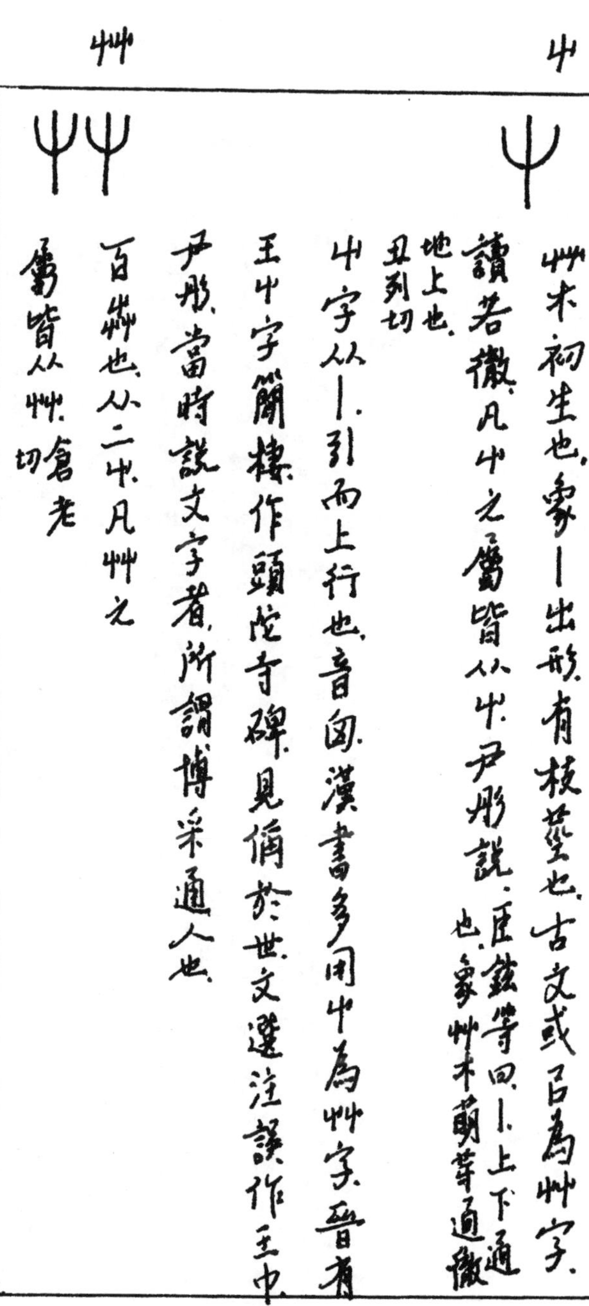

說文解字第一下

屮

屮艸木初生也。象丨出形，有枝莖也。古文或㠯為艸字，讀若徹。凡屮之屬皆从屮。尹彤說。臣鉉等曰：丨上下通也，象艸木萌芽通徹地上也。丑列切

屮字从丨，引而上行也。音囟。漢書多用屮為艸字。晉有王屮字簡棲，作頭陀寺碑，見偁於世。文選注誤作王中。尹彤，當時說文字者，所謂博采通人也。

艸

百芔也。从二屮。凡艸之屬皆从艸。倉老切

此艸木之本字，俗誤以櫟實之草為艸木字，而以作皁字為黑色之皁。

蓐

陳艸復生也，从艸，辱聲。一曰蔟也。籀文蓐从茻。凡蓐之屬皆从蓐。而蜀切

陳艸，猶宿艸也。禮檀弓「朋友之墓有宿艸而不哭焉。」字本作敶，「列也」。「陳艸復生」，謂其陳陳相因也。漢書食貨志「太倉之粟，陳陳相因」。蓐蓋謂其早也。

茻

眾艸也，从四屮。凡茻之屬皆从茻。讀與冈同。模朗切

凡艸茻字皆當作茻。古籍每假莽為之。本部「莽。南昌謂犬善逐兔艸中為莽。从犬从茻。茻亦聲」是鹵莽字。

說文解字第二上

小

小

物之𢼸也。从八丨見而分之。凡小之屬皆从小。私兆切

小徐本及段注本分上有八字。是。「物之𢼸也」各本作「微」。案彳部「微，隱行也」人部「𢼸，眇也」。物之𢼸細蓋應作𢼸。「丨見」之丨讀若囟。

八

八

別也。象分別相背之形。凡八之屬皆从八。博拔切

釆

別字應作八，本部「八，分也」，是分八本字，冎部「冎，分解也」，即今之別字，蓋是離別之別。

辨別也，象獸指爪分別也。凡釆之屬皆从釆，讀若辨。蒲莧切

古文釆

辨別字原作釆八，倉頡見鳥獸蹏迒之迹，知分理之可相八異也，初造書契，釆字取獸指爪之形，此分釆釆八之本字，古籍或段辨辯為之，後人因不識釆八之本字，易與采字混淆，遂不復用矣。凡悉釋審諸字皆从釆，刀部「辨，判也」，辛部「辯，治也」。

半

牛

物中分也。从八牛。牛為物大，可以分也。凡半之屬皆从半。博慢切

大牲也。牛，件也。件，事理也。象角、頭三、封、尾之形。凡牛之屬皆从牛。徐鍇曰：件若言物一件二件也。封，高起也。語求切

嚴可均校議以為件當作侔，案如此則與「羊，祥也」「馬，怒也，武也」一例。人部「侔，齊也」。又牛資農事，乃事之大者，凡事理皆先其大者，而後以次第之，故云「侔，事理也」。段玉裁刪「大牲也」下七字，改作「事也，理也」，云「事也者，能事其事也，牛任耕；理也者，謂其文理可分析也」。王筠以為「二句支離，蓋後增也」。

犛

犛

西南夷長髦牛也。从牛，𠩺聲。凡犛之屬皆从犛。莫交切

髦應作「氂，犛牛尾也。」又犛既𠩺聲，似宜里之切。

告

告

牛觸人，角箸橫木，所㠯告人也。从口从牛。易曰：「僮牛之告。」凡告之屬皆从告。古奧切

詩魯頌閟宮篇：「夏而楅衡。」箋云：「楅衡其牛角，為其觸觝人也。」又周禮地官封人：「凡祭祀，飾其牛牲，設其楅衡。」杜子春曰：「楅衡，所㠯持牛，令不得牴觸人。」「角箸橫木者，所㠯告人以牛能觸人也。左傳襄公三十一年

子產曰：「心所謂危，所以告人。」「僮牛之告。」今易大畜九四已作牿矣。

口

人所以言、食也。象形。凡口之屬皆从口。苦后切

言、食，謂言語飲食，口之兩大事也。易頤象曰：「君子以慎言語節飲食。」

凵

張口也。象形。凡凵之屬皆从凵。口犯切（音坎）

案手部無攤，本只作凵。凵攤聲轉耳。

吅　哭　走　止

吅

驚嘑也。从二口。凡吅之屬皆从吅。讀若讙。臣鉉等曰：或通用讙，今俗別作喧，非是。況袁切

哭

哀聲也。从吅，獄省聲。凡哭之屬皆从哭。苦屋切

走

趨也。从夭止。夭止者，（段無止字）屈也。凡走之屬皆从走。徐鍇曰：走則足屈，故从夭。子苟切（指事）

案十下部目「夭，屈也」，故說解云夭者屈也。凡人舉步則足屈，走者行之疾，其足愈屈，故从夭止也。

止

下基也。象艸木出有址，故以止為足。凡止之屬皆从止。諸市切

癶　　　步

癶

址，段本作阯，同。𨸏部「阯，基也。」「址，阯或从土。」以止為足，是引伸之義。許書無趾字。凡易「屨校滅趾」、「賁其趾」、「艮其趾」，詩「麟之趾」，皆本作止。

足刺癶也。从止𡳿。凡癶之屬皆从癶。

讀若撥。北末切

業當作「从止𡳿相背」。止部「𡳿，蹈也。从反止。」兩足相背不順，故刺癶也。

步

行也。从止𡳿相背。凡步之屬皆从步。薄故切案「相背」當作「相躓」，兩足歬後相躓是一步也。

此

止也，从止匕，匕，相比次也。凡此之屬皆从此。雌氏切

「相比次」應作「匕」，八上部目「匕，相與比敘也」「比，密也」

說文解字第二下

正　是也，从止，一以止。凡正之屬皆从正。徐鍇曰：守一以止也。之盛切

正　古文正从二。二，古文上字。

正　古文正从一足。足者亦止也。

正者至善之道，不偏之謂也。一以止，謂一歸於止，止於至善。禮大學云：「大學之道，在止於至善。」書洪範云：「無偏無黨，王道蕩蕩。無黨無偏，王道平平。無反無側，王道正直。」亦是意也。

是

直也。从日正。凡是之屬皆从是。承旨切

是　籀文是从古文正。

是訓直也，乚部「直，正見也」，又正下云「是也」，則是亦正也。易坤卦云「直其正也」，書洪範「王道正直」，詩小雅小明「好是正直」，又「从日正」句讀云「揆之以日，乃取中正也」。

辵

乍行乍止也。从彳止。凡辵之屬皆从辵。讀若春秋公羊傳曰「辵階而走」。丑略切

今公羊傳宣公六年作「躇階而走」，釋文云「躇，一本作辵」。案許書無躇字，蓋本即辵字。

彳

小步也。象人脛三屬相連也。凡彳之屬皆从彳。丑亦切

本部「亍」步止也。从反彳。」彳亍有行止之義。潘岳射雉賦「彳亍中輟」案足部「躑、住足也」「躅、躑躅也」彳亍猶躑躅也。

廴

長行也。从彳引之。凡廴之屬皆从廴。余忍切

此廴長、廴而伸之本字、今則叚引為之、弓部「引、開弓也」是引弓字。

㢟

安步㢟㢟也。从廴止。凡㢟之屬皆从㢟。丑連切

此㢟延本字，今段「遷」為之。辵部「遷，登也」。又「打㢟」是半跪之禮，今已作「打千」矣。又案㢟字从廴止與辵部「辿，迻也。从辵止聲」之辿字形近而異，㢟是遷徙之本字。

行

人之步趨也。从彳亍。凡行之屬皆从行。戶庚切（玉篇下庚切，引說文又胡剛切。行，伍也。又胡孟切，行，迹也。又胡浪切，次第也。）

行，人所履行也。故从彳亍。易蒙象曰：「君子以果行育德」。又大畜象曰：「君子以多識前言往行，以畜其德」。又論語：

齒

「言忠信、行篤敬、雖蠻貊之邦行也」

口斷骨也、象口齒之形、止聲。古文齒字

凡齒之屬皆从齒、昌里切（象形兼聲兼會意）

周礼秋官司寇「自生齒以上登于天府」、鄭玄注云「人生齒而礼備。男八月而生齒、女七月而生齒」大戴礼易本命「男以八月而生齒、八歲而齔、女以七月而生齒、七歲而齔」又礼記文王世子「古者謂年齡、齒亦齡也」鄭注云「齒、人壽之數也」齒呂長幼列序、故又訓列也。周礼大司寇「不齒三年」鄭注云「不得以年齒列於平民也」礼記王制「終身不齒」鄭注「猶錄也」

牙

牡（段作「壯」未是）齒也象上下相錯之形凡牙之屬皆从牙五加切

古文牙

牡齒謂左右鋭者鄭虎牙也「上下相錯」錯應作逪辵部「逪迹逪也」金部「錯金涂也」

足

人之足也在下（段作「在體下」）从止口（段作「从口止」）凡足之屬皆从足徐鍇曰○象股脛之形即玉切

本書止下說解云「下基也故吕止爲足」故足字从止又足亦止也老子「常德乃足」

疋

足也。上象腓腸。下从止。弟子職曰。問疋何止。古文吕為詩大疋字。亦以為足字。或曰胥字。一曰疋。記也。凡疋之屬皆从疋。所菹切

弟子職、管子篇名。「問疋何止」謂問尊長之臥疋當在何方也。今管子作「問所何趾」誤矣。「古文以為詩大疋字」者。案隹部「雅。楚烏也」則雅本為烏名。而詩大小雅及爾雅古文作疋。後叚雅為疋。而别作鴉為雅。而誤吕疋為匹矣。又案古文吕疋為詩大雅字亦是叚借。蓋本作夏。「中國之人也」夏雅古字相通。荀子榮辱篇「越人安越。楚人安楚。君子安雅」儒效篇「居楚而楚。居越而越。居夏而夏」

「或曰胥字」者、言部「諝、知也」、周禮天官「胥十有二人」、注云「胥、讀如諝、謂其有才智」、疏云「周禮之內偁胥者多、若大胥小胥胥師之類、皆是有才智之偁」、胥字从肉疋聲、疋之為胥字亦聲近通叚耳、「疋、記也」者、案言部「記、疏也」、則是借疋為疏矣、

品

眾庶也、从三口、凡品之屬皆从品、丕飲切

庶物謂之品物、易坤彖曰「含弘光大、品物咸亨」、人三為眾、故品字从三口為眾庶也、

龠　冊

龠

樂之竹管，三孔，以和衆聲也，从品侖。侖，理也。凡龠之屬皆从龠。以灼切

此管龠樂龠之本字，今則段籥爲之。竹部「籥，書僮竹笘也。」

冊

符命也，諸矦進受於王也。象其札一長一短，中有二編之形。凡冊之屬皆从冊。楚革切

䇲 古文冊从竹。

竹部「策，箠也。」曰部「冊，告也。」三字音同義異。凡簡冊對冊計冊皆本作冊，古籍多段策爲之。

說文解字第三上

㗊

㗊 眾口也。从四口。凡㗊之屬皆从㗊。讀若戢。阻立切 又讀若呶。

「又讀若呶。」段作「一曰呶。」是繫傳句讀同。口部「呶。讙聲也。从口奴聲。詩曰。載號載呶。女交切」呶乃字義非字音不當言讀若也。

舌

舌 在口所以言也。別味也。从干口。干亦聲。凡舌之屬皆从舌。徐鍇曰。凡物入口必干於舌。故从干。食列切。

別，應作𠔁，舌與「𠯑，塞口也」異字，話活字皆从𠯑，不从舌。

干

犯也，从反入，从一，凡干之屬皆从干。古寒切

干犯必相近，引伸為相干、干求。

𧮫

口上阿也，从口，上象其理，凡𧮫之屬皆从𧮫。其虐切（音劇）

𧮫或如此

𧮫或从肉从豦

卻、郤字皆从此，與谷字異，本書「谷，泉出通川為谷，从水半見出於口」

只

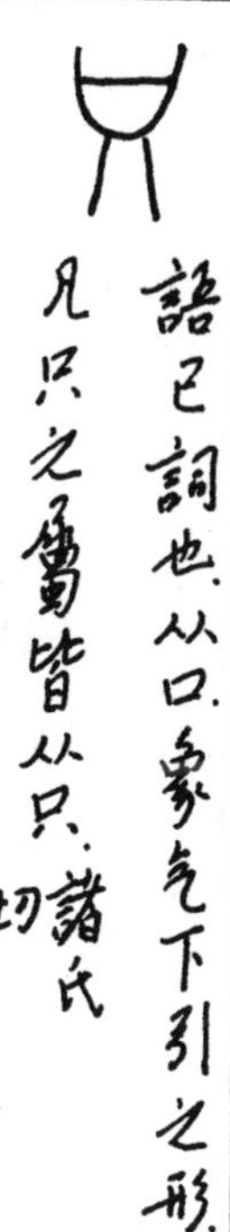

語已詞也.从口.象气下引之形.凡只之屬皆从只.諸氏切

詩小雅南山有臺「樂只君子」鄘風柏舟「母也天只.不諒人只」只字皆語詞.又楚辭大招亦全用只字.宋人詩則每改只為衹.但也.

㕯

言之訥也.从口内.凡㕯之屬皆从㕯.女滑切(案廣女骨切」

言部「訥.言難也」㕯訥二字音義略同.故以訥訓㕯.礼檀弓「其言吶吶然如不出諸口」口部無吶字.蓋本即此.

句

曲也。从口丩聲。凡句之屬皆从句。古矦切。又九遇切

案：「句曲」「章句」本皆古矦切，音鉤。章句之句乃取稽留可鉤乙之意。後人不解，遂讀章句之句為九遇切，又改句曲字為勾，非是。

丩

相糾繚也。一曰瓜瓠結丩起。象形。凡丩之屬皆从丩。居虯切（音求。又案此實指事字）

古

故也。从十口。識前言者也。凡古之屬皆从古。臣鉉等曰：十口所傳，是前言也。公戶切

古文古。

言部「詁，訓故言也。」詩大雅烝民篇「古訓是式」，毛傳「古，故也。」是詁故古三字互通。「前言」之前應作歬，止部「歬，不行而進謂之歬。从止在舟上。」刀部「前，齊斷也。」「識前言」者，易大畜象云：「君子以多識前言往行，以畜其德。」猶禮記儒行「多聞以為富」也。

十

數之具也。一為東西，丨為南北，則四方中央備矣。凡十之屬皆从十。是執切

十為數之具者，易繫傳云：「天數五，地數五。」十則總其數。又本書音部章下說解云：「十，數之終也。」易繫傳又云：

「天一地二，天三地四，天五地六，天七地八，天九地十。」天地之數始一終十，故十為數之終。又「四方中央備矣。」備應作葡，用部「葡，具也。」與人部「備，慎也」異。

卅

三十并也，古文省。凡卅之屬皆从卅。蘇沓切

卅，今書作卅，與艸部訓艸之總名也之卉字異。

言

直言曰言，論難曰語。从口䇂聲。

凡言之屬皆从言。語軒切

法言問神篇「言、心聲也」左傳僖公廿四年「言、身之文也」國語晉語「言、貌之機也」大戴禮曾子立事篇「言者、行之指也」

誩

競言也。从二言。凡誩之屬皆从誩。讀若競。渠慶切

案本部「競、彊語也。一曰逐也。从誩二人」是誩競音義並同。

音

聲也。（段無「也」字）生於心、有節於外謂之音。宮、商、角、徵、羽、聲也。絲、竹、金、石、匏、土、革、木、音也。从言含一。凡音之屬皆从音。於今切

詩大序「情發於聲、聲成文謂之音」又禮記樂記「凡音者、

生於人心者也。情動於中，故形於聲。聲成文謂之音。」又云：「凡音之起，由人心生也。人心之動，物使之然。感於物而動，故形於聲。聲相應，故生變。變成方謂之音。」「从言含一」者，一，道也。謂聲之倫理有條不紊，能合於道也。

辛

𨐌

辠也。从干二。二，古文上字。凡辛之屬皆从辛。讀若愆。張林說。（去虔切）

干，犯也。干上，猶犯上，故為辠也。又心部「愆，過也」，則愆與辛音同而義亦近。

丵

丵

叢生艸也。象丵嶽相竝出也。凡丵之屬皆从丵。讀若浞。（士角切）（音朔）

菐

丵巀疊韻，丵叢生之皃

瀆菐也。从丵从廾，廾亦聲。凡菐之屬皆从菐。臣鉉等曰：瀆讀為煩瀆之瀆。一本注云：丵，眾多也。兩手奉之，是煩瀆也。蒲沃切

案瀆菐，煩瀆皃。丵是叢生之艸，从廾，兩手治之也。

廾

竦手也。从𠂇又。凡廾之屬皆从廾。揚雄說廾从兩手。居竦切。今隸變作廾。

手部「拱，斂手也」。廾拱互通，古籍多用拱。書武成「垂拱而天下治」，傳云「垂衣拱手也」。又論語「子路拱而立」。又案

𢪍，揚雄說廾从兩手，是古文奇字，手部「𢷎，首至地也」「𢪍，揚雄說拜从兩手下」拜亦古文奇字，詩召南甘棠「勿翦勿拜」拜亦取兩手下之義。

𠬜

引也，从反廾，凡𠬜之屬皆从𠬜，普班切，今隸變作大

𢫬 𠬜或从手从樊

「引也」應作廴，本書部首「廴，長行也」，弓部「引，開弓也」，又𢫬當作从手樊聲，𢫬字今書作攀，公羊傳作扳，手部無扳字。

共

同也，从廿廾，凡共之屬皆从共，渠用切

古文共

異

段注云：「廿，二十并也。二十人皆竦手，是為同也。」故从廿廾。又本部「龔，給也。」人部「供，設也。一曰供給。」是龔供同義，而共下云：「同也。」廾部「具，共置也。」則是共供同義。周礼尚書凡供給供奉字皆作共。

分也。从廾畀。畀，予也。凡異之屬皆从異。徐鍇曰：將欲與物，先分異之也。礼曰：賜君子小人不同日。羊吏切

案異字从廾畀。本書丌部「畀，相付與之約在閣上也。从丌甶聲。」九上部目「甶，鬼頭也。象形。」則字當篆作異。又異訓「分也」者，本書敘云：「知分理之可相八異也。」礼曲礼：「羣居五人則長者必異席。」

舁.

𦥑

舁 共舉也。从𦥑廾。凡舁之屬皆从舁。讀若余。以諸切

案从𦥑廾，象兩人共舉一物，故訓共舉也。

𦥑 叉手也。从E彐。凡𦥑之屬皆从𦥑。居玉切

繫傳曰：「兩手相叉也。」案此與匊字同義。勹部「匊，兩手曰匊。」詩小雅采綠：「終朝采綠，不盈一匊。」又𦥑从E彐者，蓋E彐猶爪𠬤。本書爪部「爪，丮也。覆手曰爪。象形。」「𠬤，亦丮也。从反爪。」爪𠬤亦𠂇又之意。𠂇又為廾，爪𠬤為𦥑，𠬤部

⿱𦥑辰

手掌之本字。手部「掌，手中也」。蓋後起。孟子母姓仉，字書無仉字，應是爪之形誤。

早。昧爽也。从𦥑辰。辰，時也。辰亦聲。丮夕為夙，𦥑辰為⿱𦥑辰，皆同意。凡⿱𦥑辰之屬皆从⿱𦥑辰。食鄰切

日部「早，晨也。从日在甲上」。是早與⿱𦥑辰二字互訓。昧爽，旦明也。本書十四下部目「辰，震也。三月陽气動，靁電振，民農時也。物皆生」。𦥑有敬肅之意。𦥑辰是愛惜光陰。詩小雅小宛「夙興夜寐，無忝爾所生」。⿱𦥑辰是早⿱𦥑辰本字。俗誤以晨字為之。晶部「曟，房星。為民田事者」。「晨，曟，或省」。

爨

齊謂之炊爨、𦥑、象持甑、冂、為竈口、廾、推林內火、凡爨之屬皆从爨、七亂切

同、象甑之形、

籒文爨省

說文解字第三下

革

獸皮治去其毛，革更也。象古文革之形。凡革之屬皆从革。古覈切

革　古文革从三十，三十年為一世而道更也，臼聲。

案：革象古文革之形，而古文革字从三十。說解云「三十年為一世而道更也」，則革之本訓為更，後以為獸皮去毛之字耳。卅部：「世，三十年為一世，从卅而曳長之。」亦取其聲也。易雜卦傳：「革，去故也。」革彖云：「天地革而四時成，湯武革命，順乎天而應乎人。」書畢命：「道有升

降改由俗革」革皆為更改意

鬲　　䰜

鬲 鼎屬。實五觳。斗二升曰觳。象腹交文。三足。凡鬲之屬皆从鬲。郎激切

融 鬲或从瓦。

㽁 漢令鬲从瓦厤聲。

䰜 歷也。古文亦鬲字。象孰飪五味气上出也。凡䰜之屬皆从䰜。郎激切

案。此古文鬲字。云「歷也」者。蓋以重文為訓。象「气上出」者。謂弜也。則鬲䰜本一字。鬲專象器形。故其屬

多謂器，如鬷、鬴字。鬻，兼象孰飪之气，故其屬多謂孰飪，如鬻、𩰲字。

爪

爪

丮也。覆手曰爪。象形。凡爪之屬皆从爪。側狡切

本篇部目「丮，持也，象手有所丮據也」，覆手曰爪，仰手為掌。本部「爪，亦丮也，从反爪」。爪、爪象人手一覆一仰持物之形，故玆訓丮也。或以爪為指爪、爪甲字，非是。又部「叉，手足甲也」，始是指叉，叉甲本字。

丮

丮

持也。象手有所丮據也。凡丮之屬皆从丮。讀若戟。几劇切

鬥

「丮據」之「據」當作「搖」，手部「搖，戟挶也」「挶，戟持也」又本部「𠬞亦持也。从反丮」丮𠬞蓋戟挶之本字。

兩士相對，兵杖在後，象鬥之形。凡鬥之屬皆从鬥。都豆切（會意）

「兩士」當作「兩手」，字从丮𠬞相對，是相爭持之意。

又

手也。象形。三指者，手之列多，略不過三也。凡又之屬皆从又。于救切

案𠂇下云「𠂇手也」，則此下應云「又手也」，又是𠂇又之本字。

本部「右，手口相助也。从又口」，則是「助也」之右。古籍多以右

為又。而以作佑為右。人部無佑字。又凡「又」訓「再也」則是有之叚借。

𠂇

𠂇手也。象形。凡𠂇之屬皆从𠂇。臧可切

案此即𠂇又手之本字。本書五上部目「左」手相左助也。今以作佐字。而以左為𠂇又字。易泰卦象曰：「以左右民」。書益稷「予欲左右民」左右皆本義。

史

記事者也。从又持中。中，正也。凡史之屬皆从史。疏士切礼記玉藻「動則左史記之，言則右史記之」，史實兼記事記言。君擧必書也。而說解但云記事者，擧事以晐言耳。「从又持中」者，良史必以正，書法不隱。「赫赫師尹，民具爾瞻」也。

去竹之枝也。从手持半竹。凡支之屬皆从支。章移切

古文支

案手當作又。木部「枝，木別生條也」。支與枝古籍多互通。詩大雅文王「本支百世」，左傳莊公六年引作枝。又古籍或叚枝為肢。孟子梁惠王上「為長者折枝」。折枝，謂摩折手節解罷肢也。即為長者服勞。朱子以為攀折樹

校末允

𦘒

手之疌巧也从又持巾凡𦘒之屬皆从𦘒尼輒切(音聶)

止部「疌疾也从止从又又手也屮聲」是敏疌疌足字𦘒字似未見書傳肅字从此

聿

所以書也楚謂之聿吳謂之不律燕謂之弗从聿一聲(段作「从聿一」)凡聿之屬皆从聿余律切

从聿一者聿持事振敬之意一道也揚子雲曰「書心畫也」可不敬乎又本部「筆秦謂之筆从聿竹」聿、律、弗、筆、皆一聲之轉。今則通用筆而專以聿為發語詞矣。

畫

畫

界也。象田四界，聿所以畫之。凡畫之屬皆从畫。胡麥切

畫 古文畫省

劃 亦古文畫

「界」段本作「介」，本書八部「介，畫也」，田部「畍，竟也」，「介」「畫」互訓。段說似是。孟子盡心下「山徑之蹊閒，介然用之而成路；為閒不用，則茅塞之矣」。又「劃」，亦古文畫，本書刀部有「劃，錐刀也」，蓋重出。

隶

隶

及也。从又，尾省。又，持尾者，从後及之也。凡隶之屬皆从隶。徒耐切

辵部「逮，及也。徒耐切」隶逮音義同。

臤

堅也。从又臣聲。凡臤之屬皆从臤。讀若鏗鏘之鏗。古文以為賢字。苦閑切

「古文以為賢字」，言古文之叚借。公羊成公四年經「鄭伯臤卒」，疏云：「左氏作堅，穀梁作賢字」。又本書心部無慳字，蓋亦臤之引伸義。堅不拔也。

臣

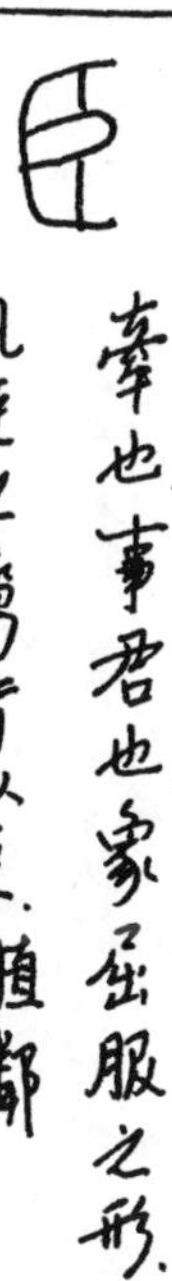

牽也。事君也。象屈服之形。凡臣之屬皆从臣。植鄰切

殳

牽有臣服之意。凡事牽牽制於君，故象其屈服之形。

易序卦「有父子然後有君臣，有君臣然後有上下」。

以杸殊人也。礼(攷工記)殳以積竹，八觚，長丈二尺，建於兵車，旅賁以先驅。从又几聲。凡殳之屬皆从殳。市朱切

「杸」段改作「杖」，非是。木部「杸，軍中士所持殳也」。「八觚」之觚當作柧。角部「觚，酒器」。木部「柧，柧棱也」。「旅賁」即漢之虎賁士，今之侍衛也。詩衛風伯兮「伯也執殳，為王前驅」。

殺

戮也。从殳杀聲。凡殺之屬皆从殺。

古文殺

古文殺

臣鉉等曰說文無杀字，相傳云音察，未知所出。所八切

乆

乆

殺 古文

案唐張參謂杀古殺字，乂𣏟字从乂朮，朮，秫之或字，乂，乂之變形。乂朮為𢦏，杀是殺之古文，則殺下說解當云「从古文杀」

鳥之短羽飛乆乆也，象形，凡乆之屬皆从乆。讀若殊，市朱切

𠘧字从此

寸

十分也。人手卻一寸動𧖴謂之寸口。从又一。凡寸之屬皆从寸。倉困切

从又一者，又，手也，一以指寸口之所在。腕下十分也。

皮

剝取獸革者謂之皮。从又，為省聲。凡皮之屬皆从皮。符羈切

古文皮

籀文皮

象皮無為字形，非為省聲。修竹園以為「冖」疑象皮之形。

𤿭

柔韋也。从北，从皮省，从夐省。讀若耎。一曰若儁。臣鉉等曰：北者反覆柔治之也。夐，營求也。而兗切

古文𤿭

㼱

籀文㼱 从敻省

案字从皮省，則當篆作㼱，不當作㼱矣。此柔㼱本字，俗作軟，車部無軟。介部「耎，稍歬大也」。人部「偄，弱也」。儁當作雋，人部無儁。

攴

小擊也。从又卜聲。凡攴之屬皆从攴。普木切

書舜典「扑作教刑」。扑，應作攴。

上所施、下所效也、从攴孝、凡教之屬皆从教、古孝切

古文教

亦古文教

施當作攱、攴部「攱、敷也」、㫃部「施、旗皃」、从攴孝之孝是子部「孝、效也、从子爻聲」、與孝字迥異、本書老部「孝、善事父母者、从老省、从子、子承老也」

灼龜也、象灸龜之形、一曰象龜兆之從橫也、凡卜之屬皆从卜、博木切

古文卜

礼記曲礼「龜為卜、蓍為筮、卜筮者、先聖王之所㠯使民信時日、敬鬼神、畏法令也、所以使民決嫌疑、定猶與

」也。灼龜之法今已不傳。揲蓍之法具見易繫傳。可得而學也。

用

用

可施行也。从卜中。衛宏說。凡用之屬皆从用。臣鉉等曰。卜中乃可用也。余訟切

易繫傳「是興神物以前民用。」禮記中庸「執其兩端。用其中於民」故卜中乃可施行。施亦當作攲。

古文用

爻

爻

交也。象易六爻頭交也。凡爻之屬皆从爻。胡茅切（音肴）

案爻象兩乂相重。乂。古文五。易繫傳「天數五。地數五。五位相得而各有合」。易之六爻。義蓋取此。「相得」、「有合」。

㸚

即爻也。繫傳又曰：「爻也者，效天下之動者也。」「聖人有以見天下之動，而觀其會通，以行其典禮，繫辭焉以斷其吉凶，是故謂之爻。」「八卦成列，象在其中矣，因而重之，爻在其中矣。」「六爻之動，三極之道也。」

二爻也。凡㸚之屬皆从㸚。力几切（音里）

㸚，象其孔㸚爾，與易爻義無涉，爾字从此。

目　　　　　　旻

説文解字第四上

旻　舉目使人也。从攴目。凡旻之屬皆从旻。
讀若颰。火劣切（血、榠、恤三音）
攴，「小擊也」。攴目，猶動目。「目擊而道存」。目擊，即動
目。故目攴字从攴目而訓舉目使人也。

目　人眼。象形。重，童子也。凡目之
屬皆从目。莫六切
古文目。
象形者，橫視之　象眼匡。重，謂 ||，象童子也。

䀠

䀠

左右視也（段作「ナ又」是）从二目。凡䀠之屬皆从䀠。讀若拘，又若良士瞿瞿（音句）。九遇切

「良士瞿瞿」詩唐風蟋蟀文。夰部「𡘋，舉目驚𡘋然也。从夰䀠，䀠亦聲。九遇切」䀠與𡘋音義同，蓋驚𡘋則ナ又視也。

眉

眉

目上毛也。从目，象眉之形，上象頟理也。凡眉之屬皆从眉。武悲切

象眉之形，謂ㄏ。上象頟理，謂仌，象頟上橫文也。

盾

瞂也、所以扞身蔽目、象形、凡盾之屬皆从盾、食閏切

本部有「瞂、盾也、从盾犮聲、扶發切」方言云、「盾、自關而東或謂之瞂、或謂之干、關西謂之盾、」又戈部「戰、盾也、从戈旱聲、侯旰切」方言「或謂之干、」干當是戰之借字、而盾、瞂、戰、實一物也、

自

自鼻也、象鼻之形、凡自之屬皆从自、疾二切

古文自

自、自鼻也、是以今字釋古義、如尗訓「豆也、」

白 自畀

此亦自字也，省自者，詞言之气，从鼻出，與口相助也。凡白之屬皆从白。疾二切

此自之引體，皆百字从此，與「⊖、西方色也」異。

引气自畀也。从自畀。凡自鼻之屬皆从自鼻。入二切段父二切

引，當作夂，又寀。自部古自鼻字，象鼻之形，人之自謂或指其自鼻，故引伸為自己之偁，又引伸為由也，從也，因為語詞所專，復从畀為自鼻，今自與自鼻不同音，聲變之異也。自與自鼻實古今字。

皕

二百也。凡皕之屬皆从皕。讀若祕。(段「讀若逼」)彼力切(祕逼二音)

奭字从此。

習

數飛也。从羽，从白。(段作「白聲」)

凡習之屬皆从習。似入切

礼記月令「鷹乃學習」引伸之義為學習講習。易兌象曰「君子以朋友講習」論語「學而時習之」又引伸為重也，積也。易坎卦「習坎」象曰「重險也」

羽

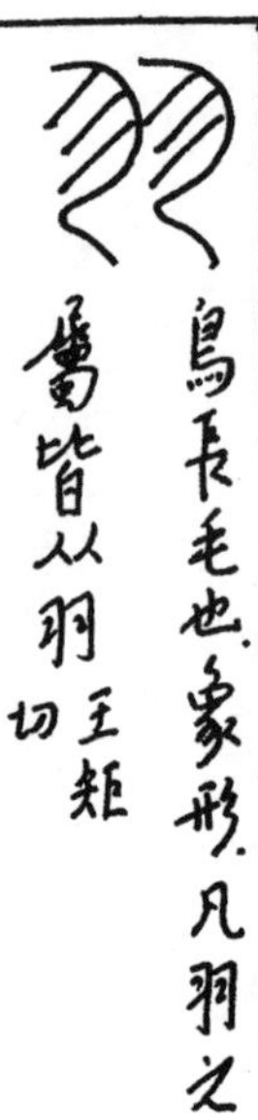

鳥長毛也。象形。凡羽之屬皆从羽。王矩切

謂象鳥翅六翮之形。

隹

鳥之短尾總名也。象形。凡隹之屬皆从隹。職追切（音追）

人部「佳」善也。與此異。

奞

鳥張毛羽自奮也。（段本句讀「奮」下有「奞」字）从大隹。凡奞之屬皆从奞。讀若睢。息遺切（須追、揮三音）

从大隹者，大，張也，謂張其毛羽所以奮飛也，奮字从此。

雈

鴟屬。从隹从𦫳，有毛角。所鳴其民有旤。凡雈之屬皆从雈。讀若和。胡官切（音桓）

張華博物志謂雈「夜至人家，取人所弃爪甲，分別視之，則知吉凶。凶者輒鳴，鳴則其家有禍。所以人弃爪甲於門內也」。雈是鴟屬，與艸部「萑，艸多皃，从艸隹聲」字異。

𦫳

羊角也。象形。凡𦫳之屬皆从𦫳。

讀若乖。工瓦切（音乖）

苜

苜

目不正也。从丫目。凡苜之屬皆从苜。𥄕从此。讀若末。徐鍇曰：丫角，戾也。徒結切（末、蔑二音）

孟子離婁上「存乎人者莫良於眸子。眸子不能掩其惡。胸中正，則眸子瞭焉。胸中不正，則眸子眊焉。聽其言也，觀其眸子，人焉廋哉。」目部「眊，目少精也」眸子眊焉是神散之皃，若承不正言，似以苜字為是。

羊

羊

祥也。从丫，象頭角足尾之形。（小徐本段本作「象四足尾之形」）孔子曰：牛羊之字以形舉也。凡羊之

屬皆从羊。與章切

羊象形。而云祥也者。是以聲為訓。示部「祥。善也」故羊亦引伸為吉祥意。美、善、羑、羨皆从此。

羴

羊臭也。从三羊。凡羴之屬皆从羴。式連切

羶

羴或从亶。

羊臭也者。謂羊之氣味言。犬部「臭。禽走臭（應作齅「以鼻就臭也」）而知其迹者犬也。从犬自」引伸為凡氣味之偁。歺部「殠。腐氣也」則是香臭字。桂味谷㠯為「羊臭也」之臭當作殠。恐未然。

瞿

鷹隼之視也。从隹䀠，䀠亦聲。凡瞿之屬皆从瞿。讀若章句之句。（小徐本有「又音衢」。段注「音當作若」）九遇切 又音衢。

徐鍇曰「鷙鳥視也」。蓋鷙鳥懼者目每左右搖動，鷹隼之視亦然，故引伸之義為瞿。禮記雜記「見似目瞿，聞名心瞿」。瞿瞿然，警覺皃。

雔

雙鳥也。从二隹。凡雔之屬皆从雔。讀若醻。市流切

雙鳥引伸為雔匹字。爾雅釋詁「仇、雔、敵、妃、知、儀，匹也」。讎匹字當作雔。言部「讎，猶譍也」，則是譍讎字。

雥

羣鳥也。从三隹。凡雥之屬皆从雥。（音集）徂合切

三隹為雥，羣鳥相聚也。本部「雧，羣鳥在木上也。」小徐繫傳云：「按國語曰：獸三為羣，人三為衆，女三為粲（粲當作姦）。然則鳥三為雥。」

鳥

長尾禽總名也。象形。鳥之足似匕，从匕。凡鳥之屬皆从鳥。都了切

烏

孝鳥也。象形。孔子曰：烏，盱呼也。取其助气，故以為烏呼。凡烏之屬皆从烏。哀都切 臣鉉等曰：今俗作鳴，非是。

古文烏象形。

象古文烏省。

孔叢子小爾雅「純黑而反哺者謂之慈烏。小而腹下白。不反哺者謂之雅烏」。以其反哺。故稱孝烏。象形者。鳥字點睛。烏以純黑。故不見其睛也。以為烏呼者。則是引伸之義。

華

箕屬，所吕推棄（段注句讀改作「糞」是）之器也。象形。凡華之屬皆从華。官溥說。北潘切（古音本今讀畢）

冓

交積材也。象對交之形。凡冓之屬皆从冓。古候切

冓象材木縱橫相交之形。對，謂二冓相對也。結冓本作此。木部「構，蓋也」與此義近。詩鄘風牆有茨「中冓之言，不可道也」。中冓，猶言冓中，謂閣也。蓋是以木為之。

幺

小也。象子初生之形。凡幺之屬皆从幺。於堯切（指事）

段注引通俗文曰：「不長曰幺，細小曰麼」本書無麼字，新坿有之，曰「麼，細也。从幺，麻聲」

𢆶

微也。从二幺。凡𢆶之屬皆从𢆶。於虯切

案微當作𢼸，人部「𢼸，眇也」是𢼸眇𢼸小字。彳部「微，隱行也」則是微行微服字。𢆶，𢼸小之意。本部「幽，隱也。从山𢆶」則是幽隱字。易履卦九二「履道坦坦，幽人貞吉」。禮記儒行「幽居而不淫」

叀專（段本無此）小謹也从幺省（段本有「从屮」）屮財見也（段本有「田象謹形」是）屮亦聲凡叀之屬皆从叀職緣切

古文叀

亦古文叀

叀訓專字當作顓頁部「顓頭顓顓謹皃」今叀字通作專寸部「專六寸簿也从寸叀聲一曰專紡專」與此異義至專壹字則當作嫥女部「嫥壹也」今則通作專矣又說解「屮財見也」財當作才本書六上部目「才艸木之初也」

幽遠也。黑而有赤色者為玄。象幽而入覆之也。凡玄之屬皆从玄。胡涓切

古文玄。

玄為幽遠者。老子曰：「玄之又玄。眾妙之門」。又玄者天之色也。易坤文言：「天玄而地黃」。幽而入覆。亦深遠之意。本部「玆。黑也。从二玄。春秋傳曰何故使吾水玆」。段注云：「胡涓切。今本子之切非是」。段說是也。左傳哀公八年「何故使吾水玆」。今左傳已作「滋」矣。釋文云「滋。音玄。本亦作玆。子絲反。字林云黑也」。則傳文蓋本作玆。俗誤為茲。又誤作滋耳。艸部「茲。艸木多益」。水部「滋。益也」。並子之切。

予　放

推予也。象相予之形。凡予之屬皆从予。余呂切

予。釋推予、給予。訓「我也」則是引伸之義。又本部「幻。相詐惑也。从反予。周書曰：無或譸張為幻。胡辦切」今周書無逸幻原應作幻。玉篇「幻。從到予。推予者實事也。到之則幻妄也」

放

逐也。从攴方聲。凡放之屬皆从放。甫妄切

書舜典「放驩兜于崇山」

𠬪

物落上下相付也。从爪又。凡𠬪之屬皆从𠬪。讀若詩摽有梅。平小切

今詩召南摽有梅之摽，應是𠬪之借字，取上下相付意。又詩邶風柏舟「靜言思之，寤辟有摽」，摽亦是借字，言心動也。本書手部「摽，擊也」，與此義六。說解讀若以下必後人所加。

𣦼

殘（字疑衍）穿也。从又歺。凡𣦼之屬皆从𣦼。讀若殘。昨干切

此𣦼穿𣦼破字，歺部「殘，賊也」是殘賊殘暴字，「𣧠，禽獸所食餘也」則是𣧠餘字，音皆同而義略異也。

歺

列骨之殘也。从半冎。凡歺之屬皆从歺。讀若蘗岸之蘗。徐鍇曰：冎剔肉置骨也。歺，殘骨也。故从半冎。臣鉉等曰：義不應有中一，秦刻石文有之。五割切（應依蘗傳「顏過」反，音蘗）

古文歺

段注：「蘗岸未聞，蘗當作屵。屵者岸高也。作屵則與『五割切』音近。」又歺今俗書作歹，讀「等在切」爲好字之反。非是。又案說解「列骨之殘也」，殘，應作𣦼。

死

澌也。人所離也。从歺人。凡死之屬皆从死。息姊切

古文死如此

水部「澌，水索也」方言「澌，索也，盡也」人盡曰死，故訓澌也。「人所離」者，蓋人之生，气之所聚也。气聚則生，气散則死。謂魂魄離散也。

冎

剮人肉置其骨也。象形。頭隆骨也。凡冎之屬皆从冎。古瓦切（音寡，指事）

骨

肉之覈也。从冎有肉。凡骨之屬皆从骨。古忽切

肉

胾肉。象形。凡肉之屬皆从肉。如六切

筋

肉之力也。从肉力从竹。竹，物之多筋者。凡筋之屬皆从筋。居銀切

本書十三下部目「力，筋也。象人筋之形」筋力本同，今則殊矣。

刀

兵也。象形。凡刀之屬皆从刀。都牢切

兵，謂兵器也。廾部「兵，械也」詩秦風無衣「豈曰無衣，與子同裳。王于興師，脩我甲兵，與子偕行」至衛風河廣「誰謂河廣，曾不容刀」疏以為是舠之借字者，非是。舟部無舠字，刀實與舟形近而譌耳。又今俗以有刀。

讀都消切，以為姓氏字，亦非。

刃　　　　㓞

刃堅（段作鋻）也。象刀有刃之形。凡刃之屬皆从刃。而振切（指事）

刃字从刀一，一以示其堅利處也。本部「刅，傷也，从刃从一」，一以示刃所傷處也。

巧㓞也。从刀丯聲。凡㓞之屬皆从㓞。恪八切（音辣陰入）

巧㓞，言其刻畫之功。

丯

丯

艸蔡也。象艸生之散亂也。凡丯之屬皆从丯。讀若介。古拜切

艸部「蔡，艸丯也」丯與蔡疊韻互訓。孟子離婁下「君之視臣如土芥，則臣視君如寇讎」土芥字本作丯。艸部芥，菜也」則是芥菜字。

耒

耒

手耕曲木也（段本無「手」字）从木推丯。古者垂作耒梠，以振民也。凡耒之屬皆从耒。盧對切

耒梠應作梠，今俗作耜。本部無耜字，木部「梠，臿也」「梠，耒耑也」又據廣韻引世本，垂是黃帝時巧人，然

角

𧢲

易下繫云「包犧氏沒，神農氏作，斲木為梠，揉木為耒，耒耨之利，以教天下，蓋取諸益」則是神農氏作耒梠也。

獸角也。象形，角與刀魚相似。

凡角之屬皆从角。古岳切

角與刀魚相似者，謂其字形相似也。

說文解字第五上

竹

冬生艸也。象形。下𠂉者，箁箬也。凡竹之屬皆从竹。陟玉切

冬生者，謂至冬猶生，謂之艸者，爾雅竹在艸部。

箕

簸也。从竹甘，象形。下其丌也。凡箕之屬皆从箕。居之切

古文箕省

亦古文箕

亦古文箕

籀文箕

籀文箕

其

箕。本是簸揚之器。象形。後乃引伸為星宿之名。書洪範「星有好風。星有好雨。」傳曰「箕星好風。畢星好雨。」詩小雅巷伯「哆兮侈兮成是南箕。」又大東「維南有箕不可以簸揚。維北有斗。不可以挹酒漿。維南有箕。載翕其舌。維北有斗。西柄之揭。」兼箕為東方蒼龍七宿之一。有星四。形如簸箕也。又案本書無其字。經典所見其字乃籀文箕。隸變。後人遂分為二字耳。

丌

丌

下基也。薦物之丌。象形。凡丌之屬皆从丌。讀若箕同。居之切

左

本部「䢅，古之遒人（案「遒」應作「逌」）以木鐸記詩言。从辵丌，丌亦聲，讀與記同」大徐引徐鍇曰：「遒（應作逌）人行而求之，故从辵丌，薦而進之於上也」

手相左助也，从𠂇工。凡左之屬皆从左。則箇切，臣鉉等曰：今俗別作佐

案今人以左右為𠂇又手字，而以作佐佑為左右。易泰卦象辭「后以財成天地之道，輔相天下之宜，以左右民」注云：「左右，助也」餘詳卷三下𠂇又字。

工

巧飾也。象人有規榘也。與巫同意。凡工之屬皆从工。徐鍇曰為巧必遵規榘法度然後為工否則目巧也巫事無形失在於詭亦當遵規榘故曰與巫同意古紅切。

𢒄

古文工

从彡。

「象人有規榘」者，直中繩，平中準。孟子告子上「大匠誨人必以規榘」，又文子「規榘繩墨者，巧之具」。

㠭

極巧視之也。从四工。凡㠭之屬皆从㠭。知衍切

段注云：「工為巧，故四工為極巧。極巧視之，謂如離婁之明，公孫子之巧，既竭目力也。凡展布字當用此。展

巫

行而㠭廢矣」。案衣部「襄，丹縠衣。从衣㠭聲」。周礼天官内司服王后六服之一曰展衣。注云「以礼見王及賓客之服」。又詩鄘風君子偕老「瑳兮瑳兮，其之展也」。毛傳云：「礼有展衣者，以丹縠為之」。又「展如之人兮，邦之媛也」。傳云：「展，誠也」。凡經典作展衣之展及訓誠也之展皆本作襄。又尸部「展，轉也。从尸，襄省聲」。此則是展轉字。今㠭布襄衣通作展，而展轉字則另加車旁作輾矣。凡展布開展展覽字皆當作㠭也。

祝也。女能事無形以舞降神者也。象人兩褎舞形，與工同意。古者巫咸初作巫。凡巫之屬皆从巫。武扶切

古文巫

示部「祝，祭主贊詞者」周礼祝與巫分職，占祝釋巫者，或以二者相須故以為說。又本部「覡，能齋肅事神明也。在男曰覡，在女曰巫。从巫見」巫與覡並行則異，單行則一。

美也。从口含一。一，道也。凡甘之屬皆从甘。古三切

春秋繁露曰「甘者五味之本也」書洪範曰「稼穡作甘」甘訓美者，蓋統五味而言之。萬物生於土，故五味之

精者皆甘。本書一上部首「一、惟初太始、道立於一」、故一為道。从口含一。一為甘者。揚子法言吾子篇云「棄常珍而嗜乎異饌者、惡覩其識味也。委大聖而好乎諸子者、惡覩其識道也」。

曰

詞也。从口乙聲。亦象口气出也。凡曰之屬皆从曰。王代切

言部「詞、意內而言外也」。

乃

申詞之難也。象气之出難。凡乃之屬皆从乃。奴亥切。臣鉉等曰今隸作乃。(本音奈)

古文 乃

籀文 乃

丂

乃為曳詞之難者。春秋定公十五年「乃克葬」公羊傳曰「乃者何。難也」。「象气之出難」者。气自下而上。不能直。所以難詞之難遂引伸為無可乃何。今則呂「柰果也」之柰字為之。

气欲舒出，丂上礙於一也。丂，古文以為亏，又以為巧字。凡丂之屬皆从丂。苦浩切（本音槁，今讀巧）

丂。即乃字。乃為气之出難，礙於一，猶難也。丂，古文呂為亏者。本篇部首「亏，象气之舒亏」。气出難，故亏以舒之也。又呂「為巧字」者。則是同音通叚。本部下有「丂，反丂也。虎何切」則是苛刻本字。艸部「苛，小艸也」。

可

肎也。从口丂，丂亦聲。凡可之屬皆从可。肯我切

本部新坿有「叵，不可也。从反可。」今俗作叵。又按可字當从「口丂」。說解「从口丂」，佀誤。

兮

語所稽也。从丂，八象气越亏也。凡兮之屬皆从兮。胡雞切

稽，留止也。「語所稽」者，謂語气至此小住。

号

痛聲也。从口在丂上。凡号之屬皆从号。胡到切

本部「號，呼也。从号，从虎。乎刀切」。案号、號音雖近而義異。号讀平聲。凡經典中如易同人「先號咷而後笑」，書大禹謨「日號泣於旻天」，皆當作号。名號、號令、稱號始作號，去聲。今則通用號而号廢矣。

於也。象气之舒亏。从丂从一。一者，其气平之也。凡亏之屬皆从亏。羽俱切。今隸變作于。

於。古文烏，四上烏下云：「孔子曰：烏，亏呼也。取其助气，故以為烏呼。」然則以於釋亏，亦取其助气。凡詩書用亏字，論語用於字。蓋二字互通。今音于「羽俱切」，於「央居切」，烏「哀都切」。古無是分也。

旨

旨

美也。从甘匕聲。凡旨之屬皆从旨。職雉切

古文旨

本書羊部「美，甘也」甘部云「甘，美也」甘旨同訓，旨是甘美字。書說命「王曰旨哉」詩小雅魚麗「君子有酒，旨且多」禮記學記「雖有嘉肴，弗食，不知其旨」論語「食旨不甘」旨皆訓美也。心部「恉，意也」手部「指，手指也」凡訓甘美字當作旨。意旨當作恉。今則通以旨為指。或叚指為之，而恉字不行矣。

喜

喜

樂也。从壴，从口。凡喜之屬皆从喜。虛里切

歖

古文喜从欠。與歡同。

樂者五聲八音之總名。礼記樂記「樂者樂也」。古音樂歡樂同音。後始以為五角盧各二切耳。「从壴从口」者，壴陳樂而立。从口，則象聞樂而笑也。本部下有「嘉，說也」。論語「學而時習之，不亦說乎」。憙从心，故由內生。喜聞樂而笑，故自外來。

壴

陳樂立而上見也。从屮从豆。凡壴之屬皆从壴。中句切（音注）

陳，應是「敶，列也」之借字。

(段篆作𡔷是)郭也。(段作「𩫏」是。互下部目「𩫏。度也。民所度居也」。鼓𩫏雙聲。又鼓樂有節。亦度意。)春分之音。萬物郭(𩫏)皮甲而出。故謂之鼓。从壴。支。象其手擊之也。(段作「从壴。从屮又。屮。象𠂹飾。又象其手擊之也」是)周礼六鼓。靁鼓八面。靈鼓六面。路鼓四面。鼖鼓。皋鼓。晉鼓皆兩面。凡鼓之屬皆从鼓。徐鍇曰。郭者覆冒之意。工户切

(段篆作𡔷)籀文

鼓从古聲。

六鼓見周礼鼓人。鼓為春分之音者。仲春之月。雷乃發聲。鼓取象焉。故又引伸為鼓動。易繫傳「鼓之以雷霆」又

豈

「鼓之舞之以盡神」

還師振旅樂也一曰欲登也从豆微省
聲凡豈之屬皆从豈 墟喜切

公羊傳莊公八年「出曰祠兵入曰振旅」从豆有音樂之意
豈是班師之樂本書無凱字凱旋本只作豈還本
部下「愷康也」心部重出「愷樂也」豈與愷乃古今字因
班師之樂引伸為康樂後專以豈為語詞遂以加心
旁為愷耳詩「豈弟君子」孝經左傳竝作「愷悌」禮
記孔子閒居作「凱弟」

豆

古食肉器也从口象形凡豆之屬皆从豆徒候切

古文豆

豆本是盛肉食之器經典五穀中之尗無稱豆者七下部目「尗豆也象尗豆生之形也」許君以今字釋古義則知以尗為豆起秦漢之閒

豊

行禮之器也从豆象形凡豊之屬皆从豊讀與禮同盧啟切

豊字象形者凵象器二丰器中之實左傳「澗溪沼沚之毛蘋蘩薀藻之菜」是也豒字从此示部「禮」

履也。所以事神致福也」豐是豐器。禮則為履行。

豐

豆之豐滿者也。从豆。象形。一曰鄉飲酒有豐侯者。凡豐之屬皆从豐。敷戎切

古文豐

今儀礼鄉飲酒無此文。鄉射礼注云「豐形似豆而卑」豆之豐滿者引伸為凡大皆曰豐。豔字說解云「豐大也」此豐滿字。至生部「丰、艸盛丰丰也」則是丰采丰度丰韻字。

䖒

古陶器也。从豆虍聲。凡䖒之屬皆从䖒。許羈切（音嬉）

陶應作匋，缶部「匋，瓦器也。」𠂤部「陶，再成丘也。」戲字从此。

虍

虍文也。象形。凡虍之屬皆从虍。

徐鍇曰：象其文章屈曲也。荒烏切（音呼）

各本有「讀若春秋傳曰虍有餘」公羊昭公三十一年傳曰：「盱有餘」讀若當謂此。

虎

山獸之君。从虍，虎足象人足。象形。

凡虎之屬皆从虎。呼古切

古文虎

亦古文虎

風俗通「虎者陽物，百獸之長也。」文選廣絕交論李善注引淮南子時則訓注云：「虎，陰中陽獸，與風同類。」易乾文言「雲從龍，風從虎」。

虤

虎怒也。从二虎。凡虤之屬皆从虤。五閑切

「虎怒也，从二虎」兩虎相鬥也。與「犾，兩犬相齧也」同意。凡頑皮頑嚚字本作虤（嚚亦當作犾）頁部「頑，㮯頭也」頑是木結。書舜典「父頑，母嚚，象傲」。左傳僖公二十四年「心不則德義之經為頑，口不道忠信之言為嚚」。皆當作虤犾。

皿

飯食之用器也。象形。與豆同意。

凡皿之屬皆从皿。讀若猛。武永切

「飯食」繫傳及義證並作「歙食」是。蓋古無以飯食並偁者。自當作飲為是。御覽卷七百五十六器物部正作飲食。又歙字本書所無。蓋本作「𩚛𩞄也」

凵

凵盧。飯器。以柳為之。象形。凡凵之屬皆从凵。去魚切（音拘）

凵或从竹去聲。

𨒍字从此。與二下部目之「凵、張口也。口犯切」異字。

去

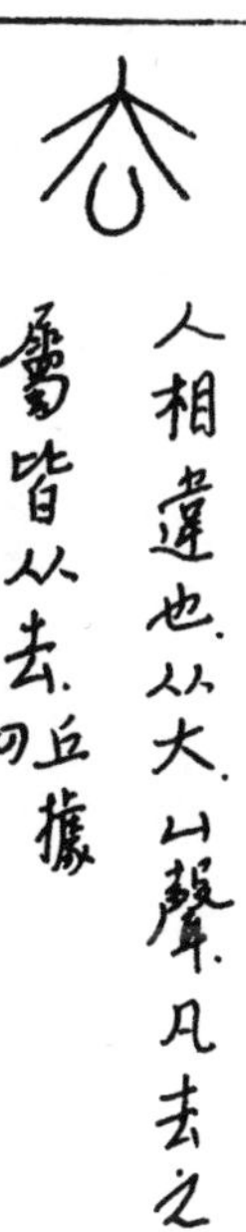

人相違也。从大。凵聲。凡去之屬皆从去。丘據切

違、離也、大者人也、人離故為去、

血

祭所薦牲血也、从皿一、象血形、
凡血之屬皆从血、呼決切

丶

有所絕止、丶而識之也、凡丶之
屬皆从丶、知庾切
有所止、輒丶而識之、識之則定矣、故引伸為心之所主、又為
主客之偁、本部「主、鐙中火主也」大徐曰、「今俗別作炷、非
是」主是鐙主、丶則是賓丶字、

說文解字第五下

丹

巴越之赤石也。象采丹井，一象丹形。凡丹之屬皆从丹。都寒切

古文丹　　彬 亦古文丹

「象采丹井」上應奪「月」。彬，古文丹，與本部「彤」丹飾也。从丹彡。彡，其畫也。徒冬切」異字。

青

東方色也。木生火，从生丹。丹青之信言必然。凡青之屬皆从青。倉經切

古文青

東方屬木，其色青。丹，赤石也。南方屬火，其色赤。故青从生丹。「丹青之信言必然」者，東觀漢記「光武詔曰明

設丹青之信」。言丹青不渝也。

丼

八家一井。象構韓形。・、罋之象也。古者伯益初作井。凡井之屬皆从井。子郢切

宣公十五年穀梁傳曰「古者公田為居。井竈蔥韭盡取焉」。又「井田者九百畝。公田居一」。謂八家共一井。中為公田。公田中為一井。八家同汲。故曰八家一井。「象構韓形」者。韋部「韓。井垣也」。中為罋之象。缶部「罋。汲缾也」。易井卦「汔至。亦未繘井。羸其缾。凶」。古者以罋缾入井汲水也。「伯益作井」見世本。伯益。堯臣。

皀

穀之馨香也。象嘉穀在裹中之形，匕，所以扱之。或說皀，一粒也。凡皀之屬皆从皀。又讀若香。(音鄉) 皮及切

鬯

以秬釀鬱艸，芬芳攸服，以降神也。从凵，凵，器也；中象米；匕，所以扱之。易曰：不喪匕鬯。凡鬯之屬皆从鬯。丑諒切

秬釀，黑黍酒。鬱，鬱艸，芳艸也。礼記郊特牲：「周人尚臭，灌用鬱鬯」又礼記王制：「賜圭瓚，然後為鬯；未賜圭瓚，則資鬯於天子」「不喪匕鬯」易震卦文，引此以見鬯从匕之意也。

食

一米也（段作「亼米也」是。亼，三合也，有集意，謂集眾米而食之也）从皀，亼聲。或說：亼，皀也。凡食之屬皆从食。乘力

切

亼

案：皀，穀之馨香也。亼皀亦猶亼米之意。

三合也。从入一，象三合之形。凡亼之屬皆从亼。讀若集。秦入切。臣鉉等曰：此疑只象形，非从入一也。（指事）

案：大徐謂「此疑只象形，非从入一也」說是。「讀若集」者，雧部「雧，羣鳥在木上也。从雔从木」「集，雧或省」，則亼為亼合本字，集是鳥集木上之集，今經典通用集而亼不行矣。

會

合也。从亼，曾省。曾，益也。凡會之屬皆从會。黃外切

古文會如此

倉

「曾」、「益也」者，蓋是增之借字。土部「增，益也」，八部「曾，詞之舒也」，如曾祖、曾孫之曾，即含益義。

穀藏也。倉黃取而藏之，故謂之倉。从食省，口象倉形。凡倉之屬皆从倉。七岡切

奇字 倉

「穀藏」與「取而藏之」之藏，竝當作臧。本書無藏字。臣部「臧，善也」。引伸之義，善而存之亦曰臧，存之之處亦曰臧。今則从艸作藏，又加肉旁為臟矣。

入

內也。象从上俱下也。凡入之屬皆从入。人汁切

缶

案本部「内、入也。从冂入。自外而入也」入内二字古互通。今則以所入之處為内。是吕其引伸之義為本義。復叚納為内。糸部「納、絲溼納納也」今則叚借之義行而本義廢矣。

瓦器。所吕盛酒漿。秦人鼓之以節謌。

象形。凡缶之屬皆从缶。方九切

攴部「鼓、擊鼓也。公戶切」（玉篇「之錄切」讀屬）易離卦九三「不鼓缶而歌」詩陳風宛丘「坎其擊缶」是鼓缶而歌自古有之。不始於秦。特秦人善之耳。

[篆文矢]

弓弩矢也．从入．象鏑栝羽之形．古者夷牟初作矢．凡矢之屬皆从矢．式視切

[古文矢]此古文矢．據[illegible]下說解補

夷牟．黃帝臣．見世本．

[篆文高]

崇也．象臺觀高之形．从冂口．與倉舍同意．凡高之屬皆从高．古牢切

段篆作[篆文]．而讀「从冂口」之冂為「莫狄切」．恐未是．案「从冂口」應作「从冋」．冋．卽古文冂．冂下說解云：「象遠介也」．是高遠之意．「與倉舍同意」者．謂古文冋之加口．與倉舍之从口同意也．又高訓「崇也」者．易繫傳曰：「崇

冂

效天，卑法地」。書洪範「高明柔克」，傳曰：「高明謂天」。

邑外謂之郊，郊外謂之野，野外謂之林，林外謂之冂。象遠界也。凡冂之屬皆从冂。古熒切

冋 古文冂从口。象國邑

坰 冋或从土

「遠界」之界，應作介。八部「介，畫也」。田部「畍，竟也」。又說解之文與詩經魯頌駉篇毛傳同。爾雅釋地「邑外謂之郊，郊外謂之牧，牧外謂之野，野外謂之林，林外謂之坰」，則與此少異。市字从此。

𩫏

度也。民所度居也。从回，象城𩫏之重，兩亭相對也。或但从口。（音韋）凡𩫏之屬皆从𩫏。古博切

案「兩亭相對」上應補「𩫏」。「度居」應作「凥」。几部「凥，處也」，尸部「居，蹲也」。度凥，猶詩大雅緜篇「聿來胥宇」之意。此城𩫏之本字，今則段郭為之，而𩫏不行矣。邑部「郭，齊之郭氏虛。善善而不能進，惡惡而不能復，是以亡國也。」郭是國名，亦以為氏，今既以為城郭字，又以為恢郭字，雨部「霩，雨止雲罷皃。从雨郭聲」。大徐曰：「今別作廓，非是」。淮南子天文訓「道生於虛霩，虛霩生宇宙」。楚辭遠遊「上寥廓而無天」。凡恢霩、寥霩、虛霩，皆本作

霩，古籀或叚郭爲之，或亦作廓耳。

京

（篆）

人所爲絕高丘也。从高省，丨象高形。凡京之屬皆从京。舉卿切

爾雅釋詁「京，大也」是引伸之義，高者必大也。

亯

（篆）

獻也。从高省，曰象進孰物形。孝經曰：祭則鬼亯之。凡亯之屬皆从亯。許兩切，又普庚切，又許庚切

（篆）篆文亯

犬部「獻，宗廟犬名羹獻，犬肥者以獻之」丑部「羞，進獻也。从羊，羊所進也」亯訓「獻也」是下進上之詞，引孝經

孝治章文、蓋見引伸之意、緣獻其物曰亯、因之受其物亦曰亯也、許兩切、亯「象進孰物」、物孰然後進之、因以為亯飪字、普庚切、亯之義訓薦神、誠意可通於神、鬼神來歆、則神明降福、故又以為亯通字、許庚切、是亯一字而有亯用、亯飪、亯通三音義、今則分作享、烹、亨三字矣、又食部「饗、鄉人飲酒也、从食从鄉、鄉亦聲」亯與饗二義截然不同、毛傳、周礼、儀礼凡獻於鬼神、獻於在己上者用亯、鬼神來歆、賓朋同輩共食用饗、然左傳皆用亯無饗、礼記則皆用饗無亯、是經典二字通用久矣、

㫗

厚也。从反亯。凡㫗之屬皆从㫗。徐鍇曰亯者進上也。以進上之具反之於下則厚也。胡口切

段注：「厚當作𩫖。上文曰𩫖、㫗也。此曰㫗、𩫖也。是為轉注。今字厚行而㫗廢矣」。段注是案本部下「㫗、山陵之厚也。从㫗从厂。胡口切」凡篤厚敦厚字本應作㫗。物之厚薄則作厚。今則通用厚矣。易繫傳「博厚配地」又剝象曰：「上以厚下安宅」已皆用厚矣。又㫗訓厚者。則是以今字釋古義。反亯為㫗者。蓋亯謂自亯。自亯者薄。反亯為㫗。敬於鬼神者㫗也。

畐

滿也。从高省，象高厚之形。凡畐之屬皆从畐。讀若伏。芳逼切

案：本書無偪逼字，大徐附逼於辵部，云：「近也」。凡「逼」从「逼迫」「逼塞」字皆當作畐。偪逼行而畐廢矣。福字从此。

㐭

穀所振入。宗廟粢盛，倉黃㐭而取之，故謂之㐭。从入回，（繫傳段注回上有从字）象屋形，中有戶牖。凡㐭之屬皆从㐭。力甚切

㐭或从广从禾

嗇

周礼地官廩人注云「藏米曰廩」本書㐭字說解云「穀藏也」礼記月令注云「穀藏曰倉，米藏曰廩」倉與廩皆所以儲藏穀物，對文則異，散即通也。

愛濇也。从來㐭。來者㐭而藏之，故田夫謂之嗇夫。凡嗇之屬皆从嗇。所力切

古文嗇 从田

濇，廣韻引作歰。案本書止部「歰，不滑也」水部「濇，不滑也」二字同訓。又方言、廣雅並云「嗇，積也」方言注云「嗇者貪，故為積」方言又云「嗇，貪也。荆汝江湘之閒凡貪而不施或謂之嗇」則愛嗇引伸之為吝嗇。

又以其从来面有收獲之意，故亦為稼嗇字與禾部之「穡，穀可收曰穡」互通矣。

來

周所受瑞麥來麰，一來二縫（段作「二麥一夆」）象芒朿之形，天所來也，故為行來之來。詩曰：詒我來麰。凡來之屬皆从來。洛哀切

案「一來二縫」段作「二麥一夆」，據詩周頌思文篇正義應作「一麥二夆」，來麰，周上應天受天降之瑞麥也。本書麥部「麰，來麰，麥也」。

麥

芒穀，秋種厚薶，故謂之麥。麥，金也。金王而生，火王而死。从來，有穗者；从夂。凡麥之屬皆从麥。臣鉉等曰：夂，足也。周

受瑞麥來麰。如行來。故从夂。莫獲切

礼記月令：「仲秋之月乃勸種麥。」爾雅「日行西陸謂之秋」。春夏秋冬。即東南西北。木火金水。盈天地之閒皆為十二月。令之凡第三月即土。秋天屬金。麥以秋生。屬金。夏天火王。火尅金。故火王而死。淮南隧形訓云：「麥秋生夏死」。高誘注「麥。金也。金王而生。火王而死也」。又本書禾部「采。禾成秀也。人所以收。从爪禾」。「穗。采或从禾惠聲」。麥之从夂。當與采从爪禾同意。蓋象人行田收麥也。

夊

行遲曳夊夊。象人兩脛有所躧也。凡夊之屬皆从夊。楚危切

玉篇引詩云「雄狐夊夊」今詩小雅南山夊已作綏矣。又本書足部「躧，舞履也」「韈，躧或从革」孟子作蹝，或作縰，或作蓰，皆後起字，許書所無

舛

對臥也。从夊㐄相背。凡舛之屬皆从舛。昌兗切（會意）

踳 揚雄說舛从足春（形聲）

案說解「从夊㐄相背」而夊部無㐄。蓋應作「从兩夊相背」後人緣夅下云「从夊㐄相承」遂茲改此文。

𦱶

艸也。楚謂之葍，秦謂之藑。蔓地連華。象形。从舛，舛亦聲。凡𦱶之屬皆从𦱶。舒閏切。今隸變作舜。

古文𦱶

象形者。蓋𠃊象曲蔓。炎象兩葉之重。从舛，取相對之意。此與艸部「蕣，木菫。朝華暮落者。詩曰：顏如蕣華」音同而義異。今詩鄭風有女同車已作𦱶矣。又𦱶蔓地連華。故引伸為美好。書舜典「曰若稽古帝舜曰重華」。離騷「濟湘沅以南征兮，就重華而陳詞」。舜字重華。舜字是正字。美好之意。段氏以為俊之借字。未是。

韋

相背也。从舛，口聲。獸皮之韋，可以束物（段依韻會補物字），枉戾相韋背，故借以為皮韋。凡韋之屬皆从韋。宇非切

古文韋

韋本是韋背字，作皮韋乃引伸義。然古籍凡韋背字通作違，而單以韋為皮韋。本部各字亦無韋背意。是本義不行久矣。本書辵部「違，離也」，攴部「𢾺，戾也」，則違是違離，𢾺是𢾺背也。

弟

韋束之次弟也。从古字之象。凡弟之屬皆从弟。特計切

古文弟从古文韋省，丿聲。（丿音曳）

因韋束之次弟。引伸為凡次弟之義。竹部無第。又為兄弟之弟。兄弟者。長幼之次弟也。弟有遜順義。故善事兄長為弟。心部無悌字。新坿有之。

夊

从後至也。象人兩脛後有致者。凡夊之屬皆从夊。讀若黹。陟侈切（音止）

本部下有「㐄。跨步也。从反夊。𨈏从此。苦瓦切」

久

从後灸之。象人兩脛後。有距（段作「歫」是）也。周禮曰。久諸牆以觀其橈。凡久之屬皆从久。舉友切（指事）

桀

引周礼今攷工記廬人作灸鄭注「灸猶柱也」本書火部「灸灼也」又儀礼士喪礼「冪用疏布久之」鄭注「久讀為灸」是久與灸通「象人兩脛後有距」者久从人从乀（乀非字）自後止之故曰後有距也引伸為遲久之義

磔也从舛在木上也凡桀之屬皆从桀 渠列切

本部下「磔辜也」辛部「辜辠也」桀訓「磔也从舛在木上」者舛有乖舛分析之意是正其辠如車裂也謚法「賊人多殺曰桀」故桀引伸又為桀黠字

說文解字第六上

木

冒也。冒地而生。東方之行。从屮下象其根。凡木之屬皆从木。徐鍇曰：屮者木始甲坼。萬物皆始於微。故木从屮。莫卜切

木訓冒也。是以雙聲為訓。「東方之行」者。東方甲乙屬木也。

東

動也。从木。官溥說：从日在木中。凡東之屬皆从東。得紅切

徐灝說文段注箋：「東方於五行屬木。日之所自出也。故東从日在木中。會意。世傳日出榑桑之說。即從

林

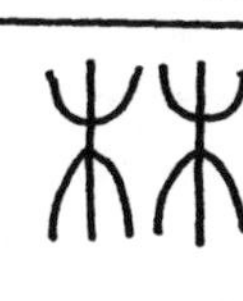

此傅會耳」。日在木中曰東，在木上曰杲，在木下曰杳，皆會意。東動已聲近為訓。

平土有叢木曰林。从二木。凡林之屬皆从林。力尋切

王氏釋例曰：「林从二木，非云止有二木也，取木與木連屬不絕之意也」。本書冂字說解云：「野外謂之林」。是引伸義。詩小雅車舝「依彼平林」。傳曰：「平林，林木之在平地者也」。又引伸為君也。爾雅釋詁：「林烝天帝皇王后辟公侯，君也」。詩小雅賓之初筵「有壬有林」。

才

艸木之初也。从丨(音囟)上毌貫一。將生枝葉。一。地也。凡才之屬皆从才。徐鍇曰。上一。初生歧枝也。下一。地也。昨哉切。

因艸木之初。引伸為凡始之偁。綱才。方才之本字。今以才為人才。才能。而以纔為方才。案糸部「纔。帛雀頭色。士咸切」音讒。木部「材。木梃也」「梃。枚也」「枚。榦也」材是人材。材能。材榦之本字。又說解「上貫一」之貫。宜作毌。七上部目「毌。穿物持之也」毌部「貫。錢貝之貫也」

說文解字第六下

叒 日所出東方湯谷，所登榑桑，叒木也。象形。凡叒之屬皆从叒。而灼切

叒 籀文

「湯谷」日出之地，屈原天問：「日月安屬？列星安陳？出自湯谷，次于蒙汜。」淮南子天文訓「日出于湯谷，浴于咸池，拂于扶桑，是謂晨明。」王氏句讀云：「湯一作暘，非。」王說是。徐氏說文段注箋云：「榑桑若木之說，實傳自古昔，故離騷即已有之。此古說之不確者。（按離騷「飲余馬於咸池兮，總余轡乎扶桑，折若木以拂日兮，聊

逍遙㠯相羊。」若木卽此木。屈子非別為二物。徐氏說未是。後人則㠯扶桑亦名若木。）其而灼切之音亦緣若木而改讀也。凡說文二篆連屬。其形相承。義亦相近。者皆本一字。全書此類。不可枚舉。多為後人竄改。歧而二之。叒卽桑之省體。故繫傳云：桑从叒聲。（徐鍇說文繫傳：「桑。蠶所食葉木。从木叒聲。」）則叒之本音亦讀息郎切可知矣。」則說解云「榑桑叒木也」桑字宜衍。叒木者榑桑之別名。故云榑叒木。通典「扶桑國。其土多扶桑木」扶桑木三字為名。有明徵也。

之

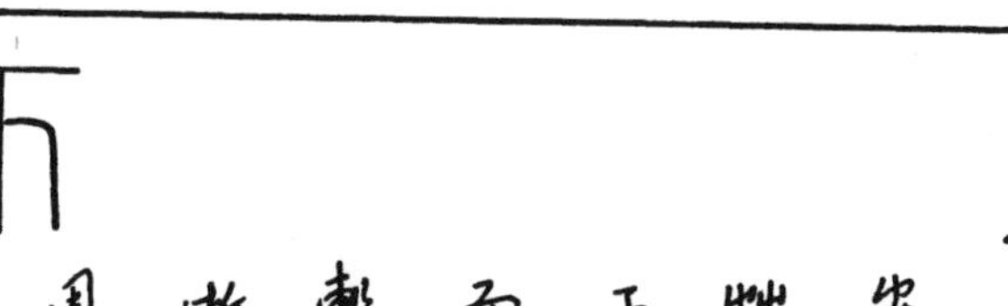

出也。象艸過屮，枝莖益大，有所之。一者地也。凡之之屬皆从之。止而切

案：「象艸過屮」疑當作「象艸過一」。本書屯下云：「難也。象艸木之初生屯然而難。从屮貫一，一，地也。尾曲。」屯字一在上，礙于地，故尾曲而難。是未出土之艸。㞢字一在下，出于地，故往而莫留。是已出土之艸。一，地也。之又借為語詞，「往也」之義。易繫傳云：「辭也者，各指其所之。」爾雅釋詁：「如、適、之、嫁、徂、逝，往也。」之借為往者，即本無其字，依聲託事也。

帀

周也。从反之而帀也。凡帀之屬皆从帀。周盛說。子荅切

出

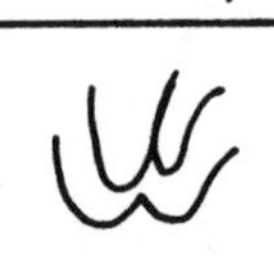

案周段作匊，是本書口部「周，密也」又勹部「匊，帀，徧也」則周是周密，匊為匊帀匊徧字。

進也。象艸木益滋，上出達也。凡出之屬皆从出。尺律切

案滋當依段作茲。本書水部「滋，益也」艸部「茲，艸木多益」段氏云「艸木由才而屮，而㞢，而出，日益大矣」

朩（丂）

艸木盛朩朩然。象形，八聲。凡朩之屬皆从朩。讀若輩。普活切（輩潑沛三音）

案說解當云「象形，从屮从八，八亦聲」凡「蓬勃」「沛然」皆本即此字。本書力部「勃，拂也」水部「沛，水」又案沛、肺等

字用此為聲．隸變作市．柿果之柿則用郎里切之朩為聲．隸變亦作柿．與用朩為聲讀芳吠切之柹．「㭊木札樸」也字音義俱異而隸變則同也．

生　乇

生　乇

進也．象艸木生出土上．凡生之屬皆从生．所庚切

艸葉也．𠂹采上貫一下有根．象形．凡乇之屬皆从乇．陟格切（音責．指事）

𠂹．段作𠂹．貫．段作毌．是本書乇部下次「𠂹．艸木𠂹葉𠂹．」又土部「𠂹．遠邊也」．又七上部目「毌穿物持之

𠂹　𠌶

也」毋部「毌，錢貝之毌也」。

𠂹

艸木𠌶葉𠂹，象形。凡𠂹之屬皆从𠂹。是為切（指事）

古文

案：𠂹，艸木𠌶葉𠂹，引伸為凡低𠂹下𠂹之偁。今則通用从土之垂，而𠂹廢矣。本書土部「垂，遠邊也」，是邊垂之本字。而𨸏部「陲，危也」，今又段作邊垂字矣。

𠌶

艸木𠌶也。从𠂹，亏聲。凡𠌶之屬皆从𠌶。況于切

𠌶或从艸从夸。

案𠌶況于切，是古音斅。今則讀為呼瓜切，是花果之本字。本書無花字，六朝以後始有。今則花行而𠌶廢矣。

華

榮也。从艸，从𠌶。凡華之屬皆从華。户瓜切

古籍每段華為𠌶，亦讀呼瓜切。

禾

木之曲頭止不能上也。凡禾之屬皆从禾。古兮切

稽

留止也。从禾，从尤，旨聲。凡稽之屬皆从稽。古兮切

此稽留稽攷之本字。本書首部「䭫下首也」則是䭫首字。今則通用稽字而䭫字不行矣。

巢

鳥在木上曰巢。在穴曰窠。从木。象形。

凡巢之屬皆从巢。鉏交切

與穴部窠字說相應。穴部「窠。空也。穴中曰窠。樹上曰巢。」高士傳「巢父以樹為巢而寢其上。故時人號曰巢父。」

桼

木汁。可以髹桼物。象形。桼如水滴而下。

凡桼之屬皆从桼。親吉切

段本「物」下增「从木」二字。

水部「漆。水。」按桼為木汁。可㠯髹桼物。漆為水名。音同而文義皆異今則通作漆而桼字不行矣。

束

縛也。从口木。凡束之屬皆从束。書玉切

㯻

㯻也。从束圂聲。凡㯻之屬皆从㯻。胡本切（音慍）

㯻㯻字皆从此。

囗

回也。象回帀之形。凡囗之屬皆从囗。羽非切

員

貝

本部有「圓。守也。」又玉篇云「囗。古圍字。」是古圍繞。包圍俱作囗。圍訓守也。今經傳皆作圍而囗字不行矣。

籀文

物數也。从貝。囗聲。凡員之屬皆从員。徐鍇曰古以貝為貨。故數之。王權切（音云）

从鼎

海介蟲也。居陸名猋。在水名蜬。象形。古者貨貝而寶龜。周而有泉。至秦廢貝行錢。凡貝之屬皆从貝。博蓋切

犬部「猋。犬走皃。」爾雅釋魚作贆。許書贆蜬竝無。蜬疑本作函。後人加虫耳。虫部「蜬。毛蠹也。」非貝名。「古者貨貝而寶龜」者。詩小雅菁菁者莪「既見君子。錫我百朋。」箋云「古者貨貝。五貝為朋。」又易益卦「或益之十朋」

之竈」故許君以貝與竈類言之。

邑

國也。从口。先王之制。尊卑有大小。从卪。

凡邑之屬皆从邑。於汲切

「邑國也」者。左傳「凡偁人曰大國。自偁曰敝邑」是國邑通偁。若以對文言之。諸侯曰國。大夫曰邑。又左傳「凡邑有宗廟先君之主曰都。無曰邑」又周禮小司徒「四井為邑」此又在一國中分析言之。「先王之制。尊卑有大小」者。尊卑。謂公侯伯子男也。大小。謂方五百里。方四百里。方三百里。方二百里。方百里也。「从卪」者。禮記坊記「制國不過千乘。都城不過百雉」

也.

郒

𨙨

鄰道也.从邑从𨙨.凡𨙨之屬皆从𨙨.闕.胡絳切.今隸變作郒(音巷)

案邑部有「𨙫.从反邑.𨙨字从此.闕.」王氏釋例云「𨙨下竝無說解.而遽云從反邑.是此字無義也.又云闕.是此字無音也.既無音義.何以為字.第為𨙨字從此一句設耳.此必後人所增也.」則𨙨字當云从二邑相向.

日　　旦

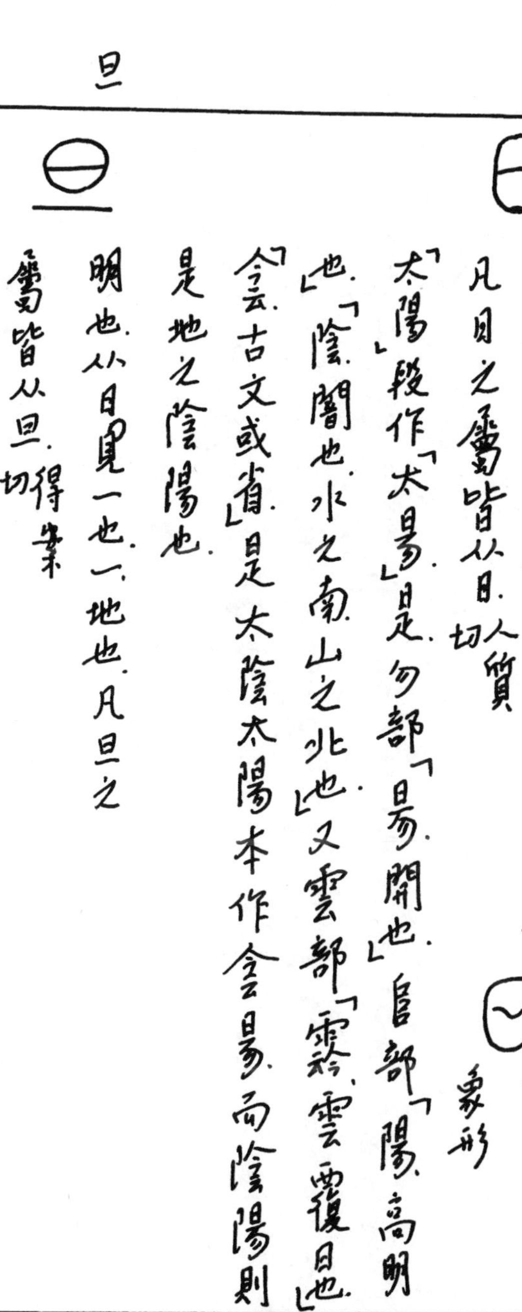

說文解字第七上

日　實也。太陽之精不虧。从囗一。象形。凡日之屬皆从日。人質切

古文　象形。

「太陽」段作「太昜」是。勿部「昜，開也。」𨸏部「陽，高明也。」「陰，闇也。水之南，山之北也。」又雲部「霒，雲覆日也。」「侌」古文或省。是太陰太陽本作侌昜，而陰陽則是地之陰陽也。

旦　明也。从日見一也。一，地也。凡旦之屬皆从旦。得案切

倝

案日出於地上、是以明也、

倝

日始出光倝倝也、从旦㫃聲、凡倝之屬皆从倝、古案切

案倝字部屬有「𠦝、闕、」此蓋倝之籀文、乙部乾字籀文作𠦝乙、即从此、許君注當有籀文字傳寫失之、後人疑為別一字、遂妄加闕字於其下耳、

乾、榦、翰、戟、朝、皆从倝、

㫃

㫃

旌旗之游、㫃蹇之皃、从屮、曲而下、垂、㫃相出入也、（段注云：「此十一字當作从屮、曲而下垂者游、从入、游相出入也十五字」）

冥

讀若偃。古人名㫃字子游。

古文㫃字象形。及

象旌旗之游

凡㫃之屬皆从㫃。於幰切

案說解「㫃相出入也」應作「从入相出入也」

冥

幽也。从日六冂聲（段作「从冂」是）日數十。十六日而月始虧幽也。凡冥之屬皆从冥。莫經切

案此字說解乖舛。疑或後人有所改竄。脩竹園曰：當云「冥幽也。从日六。从冂。六。老侌之數也。窮數也。冂亦聲」日窮於侌。故為冥。與木部「杳冥也。从日在木下」義略同。

晶 月 有

晶

精光也.从三日.凡晶之屬皆从晶.子盈切

月

闕也.太陰(段作侌.是.說見日字下)之精.象形.凡月之屬皆从月.魚厥切

有

不宜有也.春秋傳曰日月有食之.从月又聲.凡有之屬皆从有.云九切

案不宜有者.謂本不當有而有.引伸之義為凡有之偁.又案春秋書日食不書月食.說解日下月字疑衍.引經已見不宜有之指.亦釋字从月之意也.

明

照也。从月囧。凡明之屬皆从明。武兵切

古文朙。从日。

本書火部「照。明也」此云「明。照也」二字轉注。字从月古文从日月者。易繫傳曰「日月相推而明生焉」又曰「縣象著明莫大乎日月」从囧者。取窗牖麗廔闓明之意也。

囧

窗牖麗廔闓明。象形。凡囧之屬皆从囧。讀若獷。賈侍中說讀與明同。俱永切（音迥。指事。）

夕

莫也。从月半見。凡夕之屬皆从夕。祥易切

多

按艸部「莫，日且冥也。从日在艸中」又日部「旦，明也。从日見一上。一，地也」日在艸中為莫，日見於地上為旦，與月半見為夕，義略同。

重也。从重夕，夕者相繹也，故為多。重夕為多，重日為疊。凡多之屬皆从多。得何切　𡖋　古文多

重，段作緟。是本書八上部目「重，厚也。柱用切」糸部「緟，增益也。直容切」凡重疊字皆應作緟。「相繹也」者，糸部「繹，抽絲也」謂相引於無窮也。

毌

穿物持之也。从一橫毌貫，象寶貨之形。（段作「从一橫田，田象寶貨之形」是。）凡毌之屬皆从毌。讀若冠。古丸切

案此部毌貫通毌，貫穿之本字今通用貫而毌廢矣。毌下部屬有「貫，錢貝之貫」，義自有分。又案史記齊世家「伐衛取毌邱」，又三國志魏志有毌丘儉，今字皆誤作毋或毋矣。

马

嘾也。艸木之華未發圅然，象形。凡马之屬皆从马。讀若含。乎感切。（音凡上聲，指事。）

氾、笵、範，从氾字皆从此。口部「嘾，含深也」。

東　鹵　齊

東（應依段篆作）東 艸（依段補）木𠂹華實，从木马，马亦聲。凡東之屬皆从東。胡感切（音頷）

鹵 艸木實𠂹鹵鹵然，象形。凡鹵之屬皆从鹵。讀若調。徒遼切

𠧢 籀文三鹵為鹵。

𠧮𠧪字竝从此，今隸變作栗粟矣。

齊 禾麥吐穗上平也。象形。凡齊之屬皆从齊。徐鍇曰：生而齊者莫若禾麥。二，地也，兩傍在低處也。徂兮切。

此齊平字，本部有「𪗉，等也。从齊妻聲」，則是𪗉等「一與之齊」之本字。然齊𪗉音同，而義亦近，今則通用。

齊矣。

朿

朿

木芒也。象形。凡朿之屬皆从朿。讀曰刺。七賜切

案艸部「芒，艸耑」。在艸曰芒，在木曰朿。漢書「芒朿在背」，卽此字。今則通用刺矣。本書刀部「刺，君殺大夫曰刺」。

片

片

判木也。从半木。凡片之屬皆从片。匹見切

判木，謂已判之木。引伸為半也。論語「片言可以折獄者」。鄭注云「片，半也」。

鼎

三足兩耳和五味之寶器也。象析木以炊，貞省聲。昔禹收九牧之金，鑄鼎荊山之下，入山林川澤，魑魅蝄蜽莫能逢之，以協承天休。易卦巽木於下者為鼎，古文以貝為鼎，籀文以鼎為貝。凡鼎之屬皆从鼎。都挺切

說解依段本。禹鑄九鼎見左傳宣公三年及皇甫謐帝王世紀。

克

肩也。象屋下刻木之形。凡克之屬皆从克。徐鍇曰：肩，任也。負何之名也。與人肩膊之義通，能勝此物謂之克。苦得切（指事）

古文克

亦古文克

「肩也」者，本書人部「仔，克也」詩周頌敬之「佛時仔肩」傳云，「仔，肩，克也」箋云「任也」「象屋下刻木之形」下應奪「从高省」。謂合也，刻木之義，蓋由克與彔形似，遂例推之耳。

彔

彔

刻木彔彔也。象形。凡彔之屬皆从彔。盧谷切（指事）

彔彔猶秝秝，秝秝，彔也。象形者，謂象古文克之形。此記錄本字。金部「錄，金色也」又許書無碌字，本作彔。「隨從也」史記作「錄錄」，蓋亦彔之叚借。

禾

嘉穀也。二月始生，八月而孰，得時之中，故謂之禾。禾，木也。木王而生，金王而死。从木，从𠂹省。𠂹象其穗。（段作「从木，象其穗」）凡禾之屬皆从禾。戶戈切

案：木王於卯，仲春之月；金王於酉，仲秋之月。金勝木，故禾木王而生，金王而死。「得時之中，故謂之禾」者，謂生於仲春而孰於仲秋之月。禾有中和之意。

秝

稀疏適秝也。（依段氏補「秝」字）从二禾。凡秝之屬皆从秝。讀若歷。郎擊切

案：適秝，猶秝秝也。凡「歷歷可數」、「歷歷如覩」字皆當作秝。本書止部「歷，過也」，厂部「厤，治也」，甘部「曆，和也」。

音同而義異。

黍

禾屬而黏者也。㠯大暑而種，故謂之黍。从禾，雨省聲。孔子曰：黍可為酒，故从禾入水也。（「故从」二字依段本補）凡黍之屬皆从黍。舒呂切（會意）

「以大暑而種」段氏謂「大」衍字也。是。礼記月令「仲夏之月，農乃登黍」夏小正「五月初昏大火中」大火者，心也。心中種黍菽糜時也。」尚書大傳「黍者暑也，種者必待暑」

香

芳也。从黍甘。春秋傳曰：黍稷馨香。凡香之屬皆从香。許良切（會意）

艸部「芳，艸香也」艸臭之美者為芳，而香則汎言。香从黍甘者，書洪範「稼穡作甘」傳云「甘味生於百穀」故黍甘為香。又左傳僖公五年「黍稷非馨，明德惟馨」

米　毇

米

粟實也。象禾實之形。（段作「象禾黍之形」非是）

凡米之屬皆从米。莫礼切

毇

米一斛舂為八斗也。从𣐺，从殳。

凡毇之屬皆从毇。許委切（音毀）

「米一斛」上或有糲字。

臼

舂也。（段作「舂臼也」）古者掘地為臼，其後穿木石。象形，中米也。凡臼之屬皆从臼。其九切

易繫傳「斲木為杵，掘地為臼，臼杵之利，萬民以濟」據世本則知是黃帝時雍父初作臼杵也。

凶

惡也。象地穿交陷其中也。凡凶之屬皆从凶。許容切

凶訓惡也。與口部「吉，善也」對文。爾雅釋言「凶，咎也」疏云「咎，惡也」凡吉凶，凶惡皆此字。本部有「兇，擾恐也。从人在凶下。春秋傳曰曹人兇懼。許拱切」是兇懼字。與心部之「恐，懼也」音義俱同。

說文解字第七下

朩

分枲莖皮也。从屮八。象枲之皮莖也。凡朩之屬皆从朩。匹刃切 讀若髕。(音噴)

此字隸變作朩。八，象兩旁之皮(分離形)。與𣎳下「讀若輩」之𣎳八，又解作「稷之黏者」之朮字，篆作朮，不從此。

𣏟

葩(應依段作葩)之總名也。𣏟之為言微也。微纖為功。象形。凡𣏟之屬皆从𣏟。匹卦切 (音派)

葩，應作萉。艸部「萉，枲實也。（音墳）」「葩，華也。」「林之為言微也。」是林微音近為訓。「微纖為功」者，謂麻縷起於林。二微字並當作㣲。「象形」二字，段玉裁謂「當作从二朩」三字。朩，謂析其皮於莖；林，謂取其皮而細析之也。」

麻

𣏟

枲也。（依段注補）與林同。（段本無此）人所治，在屋下。从广，从林。（段作「从林从广。林，人所治也。在屋下。」）凡麻之屬皆从麻。莫遐切

尗　　耑

尗

豆也。象尗豆生之形也。（「象尗」段作「尗象」）

凡尗之屬皆从尗。式竹切

案：尗，古籍或段叔為之，本書又部「叔，拾也」，今則以叔為叔伯字，而以作菽為尗。艸部無菽字也。又案五上「豆，古食肉器也」，無尗義。許君訓尗為「豆也」，是以今字釋古義。漢時已謂尗為豆矣。

耑

物初生之題也。上象生形，下象其根也。

凡耑之屬皆从耑。臣鉉等曰：中一，地也。多官切

題者，額也。謂物之初見也。凡「發端」，左傳「履端於始」，孟子「四端」字皆當作耑。立部「端，直也」，是端正字。今則端

行而耑廢。俗又用耑爲專耑字之本義晦矣。

韭

韭

菜名。（段本「菜上有韭字」）一種而久者。（段作「一種而久生者也」）故謂之韭。象形。在一之上。一，地也。此與耑同意。凡韭之屬皆从韭。舉友切

瓜

瓜

㼌（段作「蓏」是）也。象形。凡瓜之屬皆从瓜。古華切

案：「瓜，㼌也」，㼌應是蓏之誤字。本部有「㼌，本不勝末，微弱也。以主切」艸部「蓏，在木曰果，在地曰蓏。郎果切」

匏也。从瓜，夸聲。凡瓠之屬皆从瓠。胡誤切。(音户)

瓠，即壺盧瓜。有甘苦二種。甘者人以為食。詩小雅南有嘉魚「南有樛木，甘瓠纍之」。瓠葉篇「幡幡瓠葉，采之亨之」之類是也。苦者多作瓢器。詩邶風匏有苦葉毛傳「匏謂之瓠」。又豳風七月「八月斷壺」傳云「壺，瓠也」。是瓠之苦者。

交覆深屋也。象形。凡宀之屬皆从宀。武延切。

宮

深應依段作穾。穴部「穾，深也。一曰竈穾。」水部「深，水」云「深屋」者。本書自部「臱，宀宀不見也」。惟深故不見。室也。从宀，躳省聲。凡宮之屬皆从宮。居戎切

爾雅釋宮「宮謂之室，室謂之宮」。古者貴賤同偁宮。秦漢以來，惟王者所居偁宮焉。易繫傳「上古穴居而野處，後世聖人易之以宮室，上棟下宇，以待風雨」。論語「譬諸宮牆，賜之牆也及肩，窺見室家之好」。

呂

脊骨也。象形。昔太嶽為禹心呂之臣，故封呂侯。凡呂之屬皆从呂。力舉切

篆文呂从肉从旅。

晉書秦誓「旅力既愆」，詩小雅北山「旅力方剛」，凡偁「旅力」皆膂之省借。放部「旅，軍之五百人為旅」。

穴

土室也。从宀，八聲。凡穴之屬皆从穴。胡決切（象形）

寢

寐而有覺也。从宀从疒，夢聲。周礼（春官占夢）以日月星辰占六寢之吉凶。一曰正寢，二曰咢寢，三曰思寢

四曰悟（段作寤）㝱。五曰喜㝱。六曰懼㝱。凡㝱之屬
皆从㝱。莫鳳切

案此㝱爲寐之本字。今段夢爲之。本書夕部「夢」不明
也」。義乆。今周礼春官占夢已用借字矣。釋文云「夢本
又作㝱」。又周礼「咢」作「噩」。杜子春云「噩當爲驚愕
之愕」。許書無「噩」愕字。吅部「咢」譁訟也」。亦無驚愕之
意。惟辵部有「遻」相遇驚也」。此當爲驚遻本字。咢
噩、愕皆借字也。又案悟亦當是寤字之段。周礼正
作寤。本部有「寤」寐覺而有信曰寤。一曰晝見而夜
㝱也」。心部「悟」覺也」。

疒

倚也。人有疾病（段作「人有疾痛也」）象倚箸之形。凡疒之屬皆从疒。女戹切。（今讀為辣）

案「象倚箸之形」者，爿象牀之形，一象人倚箸於牀也。

冖

覆也。从一下垂也。凡冖之屬皆从冖。臣鉉等曰。今俗作冪，同。莫狄切。（音覓）

冖覆也。今隸作冖。與訓「林外謂之冂。象遠界也」之篆作冂者異。

冃

重覆也。从冂一。凡冃之屬皆从冃。莫保切（音侮）讀若艸莓莓。

冃　㒳

冃

小兒蠻夷頭衣也。从冂，二其飾也。

凡冃之屬皆从冃。莫報切

小兒及蠻夷之頭衣為冃，即今之帽字。巾部無帽。

㒳

再也。从冂，闕。（段作「从冂，从入入，从丨。」）易曰：參天㒳地。

凡㒳之屬皆从㒳。良獎切

段作「从入入，从丨」。案入部「入入，二入也。㒳从此」。與此正相印。又一上部目「丨，上下通也」，有中分為界之意。「易曰參天㒳地」，今易說卦傳「參天兩地而倚數」，已作兩矣。本部下有「兩，二十四銖為一兩」。是斤兩字，今俗以兩為㒳，而㒳作网為亓兩字。

网 罒

庖犧所結繩以漁。从冂下象网交文。凡网之屬皆从网。今經典變隸作罒。文紡切

网或从亡。

网或从糸。

网古文

网籀文

易繫傳「古者庖犧氏之王天下也。仰則觀象於天。俯則觀法於地。觀鳥獸之文與地之宜。近取諸身。遠取諸物。於是始作八卦。以觀神明之德。以類萬物之情。作結繩而為罔罟。以佃以漁。蓋取諸離」古籀罔

罟字通用罔。而网惟作部首耳。又以罔从网有覆蔽義。遂引伸為欺罔之偁。亾與無通。故罔亦訓無。因其引伸義行。故今罔罟字多作網。又案論語「學而不思則罔」之罔則是懵之借字。心部「懵。不明也。武亘切」

襾　巾　巿

覆也。从冂。上下覆之。凡襾之屬皆从襾。呼訝切（音亞）讀若晉。

佩巾也。从冂。丨象糸也。凡巾之屬皆从巾。居銀切

韠也。上古衣蔽前而已。巿以象之。天子朱巿。諸侯赤巿。大夫葱衡。从巾。象連帶之形。凡巿之屬皆从巿。分勿切

切

韍 篆文市从韋从犮 臣鉉等曰今俗作紱非是

市古籀或作芾艸部無芾字又市與冂部「巿買賣所之也」隸變作市字異又桼「沛」水之沛與「肺」金藏也」之肺皆从朩不从此又柿果之柿則从朩隸變作朿亦與此八

帛

帛 繒也从巾白聲凡帛之屬皆从帛 旁陌切

糸部「繒帛也」周礼春官大宗伯「孤執皮帛」注云「帛如今璧色繒也」帛者縑素之通名璧色白色也

白

西方色也。侌用事，物色白。从入合二。二，侌數。凡白之屬皆从白。旁陌切

古文白。

白字「从入合二」，義不可通。徐氏箋云：「皀部，穀之馨香也。象嘉穀在裹中之形，匕所以扱之。上體白，正象米粒，即白字也。白者西方之色，故取象於穀之成熟矣。」

㡀

敗衣也。从巾，象衣敗之形。凡㡀之屬皆从㡀。毗祭切

廣雅「㡀，敗也。」㡀為破敗之通偁。㡀部復有「敝，帗也。一曰敗衣。从攴从㡀，㡀亦聲。」敝即㡀之後出字。「帗也」應

是敝之別一義。今凡敗壞字專用敝而尚不行矣。而經典亦無用敝為帗義者。又案敝。玉篇或作獘。許書無獘字。

黹

箴縷所紩衣。从㡀，丵省。凡黹之屬皆从黹。臣鉉等曰。丵眾多也。言箴縷之工不一也。陟几切（音指）

箴當是鍼之借字。竹部「箴，綴衣箴也」。金部「鍼，所以縫也」。無針字。糸部「紩，縫也（音秩）」。又今俗語云「鍼黹」，即此字。

人

說文解字第八上

天地之性最貴者也。此籀文。象臂脛之形。凡人之屬皆从人。如鄰切

「天地之性最貴」者，性，生也。孝經聖治章：「天地之性人為貴」，注云：「貴其異於萬物也」。釋名：「人，仁也，仁生物也」。故易說卦傳曰：「立天之道曰陰與陽，立地之道曰柔與剛，立人之道曰仁與義」。繫傳曰：「大人者，與天地合其德，與日月合其明，與四時合其序，與鬼神合其吉凶」。書泰誓：「惟天地萬物父母，惟人萬物之靈」。傳云：「天地所生，惟人為貴」。

「此籀文」者。相對於儿為古文奇字人而言。「象臂脛之形」者。蓋大象人正視之形。人象側視之形。側立。故見其一臂一脛。

匕

變也。从到人。凡匕之屬皆从匕。呼跨切

此變化之本字。本部復有「化。教行也」則是教化字。今變匕通作化。而匕字不行矣。又案匕字从到人。與解作「相與比敘也。从反人」之匕字異。

匕

相與比敘也。从反人。匕，亦所以用比取飯，一名柶。凡匕之屬皆从匕。卑履切

案「相與比敘」「用比取飯」之比竝當作匕。與「比，密也」異字。凡比例、比次、比較皆當作匕。又「用匕取飯，一名柶」者，匕象匙之形。本部「匙，匕也」。木部「柶，匕也。所以取飯」。易震卦「不喪匕鬯」。

从

相聽也。从二人。凡从之屬皆从从。疾容切

相聽即相許之意。凡聽從、依從字皆本作从。與本部之「從，隨行也。慈用切」文音義皆異。今則但用

從而只以讀音區分之矣。

比

密也。二人為从，反从為比。

古文比

凡比之屬皆从比。毗至切

論語「君子周而不比」，鄭注云「忠信為周，阿黨為比」。「反从為比」者，从所不當从，故曰比。

北

乖也。从二人相背。凡北之屬皆从北。博墨切

二人相背，有乖違。違背之意，又叚借為背。凡「敗北」「追奔逐北」，北皆背字。又以人多面明背闇，因借

為南北字。今則專為南北之偁。而本義不行矣。

丘

土之高也。非人所為也。从北。从一。一、地也。（會意）人居在丘南。故从北。中邦之居。在崐崘東南。一曰。四方高中央下為丘。象形。凡丘之屬皆从丘。去鳩切。今隸變作丘

古文 从土

「人居在丘南」「中邦之居」居字段注作凥。是几部「凥處也」尸部「居、蹲也」又許書無崐崘字。段作昆侖是。

乑 㐺

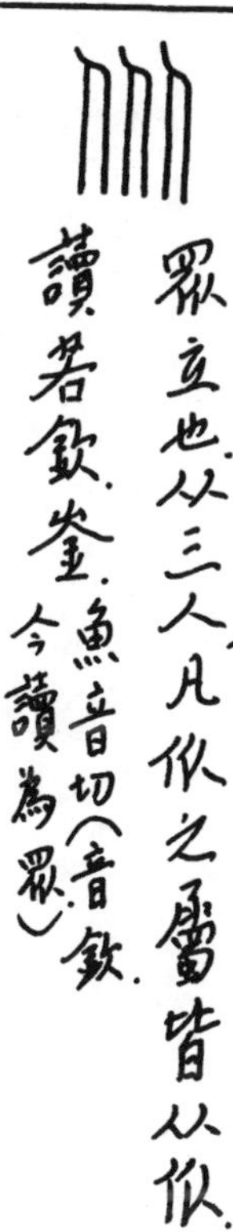

眾立也。从三人。凡㐺之屬皆从㐺。讀若欽崟。魚音切（音欽）今讀為眾。

壬　重　臥

壬

善也。从人士。士，事也。一曰象物出地挺生也。凡壬之屬皆从壬。臣鉉等曰：人在土上，壬然而立也。他鼎切

重

厚也。从壬東聲。凡重之屬皆从重。徐鍇曰：壬者人在土上，故為厚也。柱用切

重者輕之反。凡物輕則薄，重則厚，故訓厚也。易繫傳曰：「夫茅之為物薄，而其用可重也」。糸部「緟，增益也」。重是厚重、輕重字；緟是緟疊、緟複字。今則重亦讀直容切，而緟不行矣。

臥

休也。（段作「伏也」）从人臣，取其伏也。凡臥之屬皆从臥。吾貨切

三下部目「臣，牽也。事君也。象屈服之形」

身

躳也。象人之身。从人厂聲。（段本無「象人之身」四字。「厂聲」段作「申省聲」）凡身之屬皆从身。失人切（厂，余制切音申）

㐆

歸也。从反身。凡㐆之屬皆从㐆。徐鍇曰：古人謂反身修道，故曰歸也。於機切（音依）

業志佛道者其始修心則依佛佛法僧謂之三歸。梵書作皈依，字本作歸㐆，或偁迴向。

衣

依也。上曰衣，下曰裳。象覆二人之形。凡衣之屬皆从衣。於稀切

裘　求　老

易繫傳「黃帝堯舜垂衣裳而天下治。蓋取諸乾坤」。
故衣在上。裳下衣也。又裘〔篆文〕亦象衣之形。

〔篆文〕

皮衣也。从衣。求聲。一曰象形。（段作「从衣象形」）與衰同意。凡裘之屬皆从裘。巨鳩切

〔古文〕古文省衣

裘。求本古今字。今則叚求為請求千求。而「皮衣也」只作裘。請求千求要求字本應作逑。辵部「逑。斂聚也。从辵。求聲。虞書曰。旁逑孱功。又曰怨匹曰逑」

〔篆文〕

考也。七十曰老。从人毛匕。言須髮變白也。
凡老之屬皆从老。盧皓切

毛

本部「考。老也。」說文說轉注舉考老以發例。故說老以考。說考以老也。「七十曰老」者。乃老字正解。礼記曲礼「七十曰老。而傳。八十九十曰耄。」許書老部「耋。年八十曰耋。从老省。从至。」「𦒿。老年九十曰𦒿。从老。从蒿省。」

眉髮之屬及獸毛也。象形。

凡毛之屬皆从毛。莫袍切

毛本為毛髮之偁。引伸之遂為凡地所生謂之毛。周礼地官司徒。「凡宅不毛者有里布。」鄭司農云「宅不毛者。謂不樹桑麻也。」

毳

毳 獸細毛也。从三毛。凡毳之屬皆从毳。此芮切（音脆）

尸

尸 陳也。象臥之形。凡尸之屬皆从尸。式脂切

案「陳也」陳當作敶。攴部「敶，列也」。𠂤部「陳，宛丘，舜後嬀滿之所封」。又爾雅釋詁「尸，陳也，主也」。禮記郊特牲「尸，神象也」。此祭祀之尸。引伸又為尸位字。書五子之歌「太康尸位，以逸豫滅厥德」。至曲禮「在牀曰尸」之尸字則當作屍。尸部屬「屍，終主也」。

尾　　　　尺

說文解字第八下

尺

十寸也。人手卻十分動脈為寸口。十寸為尺。尺，所以指尺規榘事也。从尸从乙。乙，所識也。周制，寸尺咫尋常仞諸度量，皆以人之體為法。凡尺之屬皆从尺。昌石切

案「指尺」當是「指斥」之誤。斥，顯明也。又「从乙。乙，所識也」。乙即乚部「乚，鉤識也。居月切（音厥）」字。

尾

微也。从到毛在尸後。古人或飾系尾，西南夷亦然。凡尾之屬皆从尾。無斐切　今隸變作尾

尾訓「微也」者，是以疊韻為訓，古籍亦借作微，論語微生高，微生晦，漢書古今人表並作尾。

足所依也，从尸，从彳，从夊，舟象履形。（段作「从尸服履者也，从彳夊，从舟，象履形」）一曰尸聲，凡履之屬皆从履。良止切

古文履，从頁，从足。

徐箋云「履，踐也，行也，此古義也，秦漢以後乃名屨為履，釋名曰，履，以足履之，因以名之，是也，履禮古同聲，故履通作禮，履之言禮也，禮之言亦履也，禮記祭義曰，禮者履此者也，示部曰，禮，履也，所以事神降

福也、故又為福為祿、爾雅釋詁曰「祿、禠、福也」釋言曰「禠、祿也」禠、禮也」是也、从彳从夊、皆於行步取義、夊、篆禠形與舟字相似、从尸、亦橫人相配、兼取其聲」

舟

船也、古者共鼓貨狄刳木為舟、剡木為楫、以濟不通、象形、凡舟之屬皆从舟、職流切

本部「船、舟也」二字轉注、古人言舟、漢人言船、詩邶風谷風篇「就其深矣、方之舟之」毛傳「舟、船也」又易繫傳「刳木為舟、剡木為楫、舟楫之利、以濟不通、致遠以利天下、蓋取諸渙」知共鼓貨狄、黃帝堯舜時人也、

併船也。象兩舟省總頭形。　汸　方或从水

凡方之屬皆从方。府良切

詩周南漢廣「江之永矣。不可方思」。邶風谷風「就其深矣。方之舟之」。毛傳「方。泭也」。本書水部「泭。編木以渡也」。爾雅釋水「大夫方舟」。「庶人乘泭」。方又引伸為比方。論語「子貢方人」。集解「比方人也」。又段借為方圓、方正、方向字。易繫傳「坤至柔而動也剛。至靜而德方」。廣雅釋詁「方、正也」。「方、義也」。孟子「規矩、方圓之至也」。方皆本作匚。又方亦訓道也。術也。法也、則是法字之聲轉。論語「可謂仁之方也」。「可使有勇且知方也」。

礼記樂記「樂行而民鄉方」經解「謂之有方之士」莊子秋水「吾長見笑於大方之家」

儿

仁人也（段本無此）古文奇字人也象形孔子曰在人下故詰屈（段作「儿在下故詰詘」）凡儿之屬皆从儿如鄰切

詰屈當作詰詘屈部「屈出無尾也」言部「詘詰詘也」

兄

長也从儿从口凡兄之屬皆从兄許榮切

兄訓長也爾雅曰「男子先生為兄」是本義又段借為語詞通作況白虎通「兄者況也況父法也」詩小雅常棣

先

皃

「況也永歎」釋文「況或作兄」

首笄也从儿匕象簪形凡先之屬皆从先（側岑切）

俗先从竹从朁（朁音慘「曾也」）

竹部「笄簪也」二字轉注又先从儿匕匕非解作「相與匕敍」之匕乃象先之形

頌儀也从儿白象人面形凡皃之屬皆从皃（莫教切）

皃或从頁豹省聲

籀文皃从豹省

頁部「頌皃也（余封切又似用切）」頌之本義為「皃也」讀余封切與皃訓「頌也」二字轉注今則段容為之而頌讀似用切

兆　先

兆　先

耳。按山部「容，盛也」則容是容納、容載字，頌是頌皃頌顏字，又皃字从儿白，此非黑白之白字，乃象人面形也。

廱蔽也。从儿，象左右皆蔽形。凡兆之屬皆从兆。讀若瞽。公戶切

前進也。从儿之。凡先之屬皆从先。臣鉉等曰：之在人上，是先也。穌前切

前當作歬。止部「歬，不行而進謂之歬」刀部「前，齊斷也」又漢書百官公卿表太子屬官有先馬，如淳注「前驅也」

秃

無髮也。从人，上象禾粟之形，取其聲。凡秃之屬皆从秃。王育說：蒼頡出，見秃人伏禾中，因㠯制字。未知其審。他谷切

見

視也。从儿目。（段作「从目儿」）凡見之屬皆从見。古甸切

見，視也。引伸之為示也、顯也。易乾文言「見龍在田」，論語「天下有道則見」，孟子「修身見于世」。俗亦作現，許書無之。

覞

竝視也。从二見。凡覞之屬皆从覞。弋笑切

此頞覞字今作要𦥑部「要身中也」今以要為覞而八作腰為要另字肉部無腰

欠

（篆文）

張口气悟也象气从人上出之形

凡欠之屬皆从欠 去劒切

案「張口气悟也」悟當作啎凡人倦則欠伸欠伸而气出气不循其常故曰啎也午部「啎屰也」心部「悟覺也」

歙

（篆文）

歠也从欠酓聲凡歙之屬皆从歙 於錦切

（古文）古文歙 从今水

（古文）古文歙 从今食

歙今俗作飲許書無飲又酓「酒味苦也（讀若音）」

次

慕欲口液也。从欠从水。凡次之屬皆从次。敘連切

次今俗作涎

次或从侃

次籒文

旡

歙食气屰。(段作「屰气」)不得息曰旡。从反欠。凡旡之屬皆从旡。居未切今隸變作兂(音旣)

旡古文

息喘也。論語朱注:「一息尚存,此志不容稍懈」

說文解字第九上

頁

頭也。从𦣻从儿。古文䭫首如此。凡頁之屬皆从頁。𦣻者。䭫首字也。胡結切

案「𦣻者。䭫首字也」六字疑衍。段氏刪之是也。又頁應是䭫首之首字。大徐誤同孫愐切韻為胡結切。故於心部「𩑋。愁也。从心頁聲」亦改為「从心从頁」矣。器部囂下云「聲也。气出頭上。从㗊从頁。頁。首也」。蓋謂頁即首字矣。頁與𩠐𦣻本一字。𩠐乃古文象形。𦣻即𩠐之省。籀文作𩕄。小篆又省

百

頭也．象形．凡百之屬皆从百．書九切

案頁部頭下云「百也」與此為轉注．自古文𦣻行而百廢矣．又「象形」二字應繫之𦣻篆下．𦣻乃最初之古文．百其省體耳．

為頁．段氏以頁本與䭫同音．誤．又案頁今俗又讀與涉切通葉矣．

面

顏前也．从百．象人面形．凡面之屬皆从面．彌箭切

面乃正鄉人者，與背對偁，故引伸之為相鄉之謂。又推「顏前也」，前當作歬，止部「歬，不行而進謂之歬，从止在舟上」，刀部云「前，齊斷也」。

丏

丏

不見也。象壅蔽之形。凡丏之屬皆从丏。彌兗切（音免）

「壅蔽」段作「雝蔽」，是。許書無壅字，當作雝，或廱。

首

𩠐

百同。（段本無此）古文百也。巛象髮，謂之鬊，（段謂之鬊上補髮字）鬊即巛也。凡𩠐之屬皆从𩠐。

𥄉

書九切

鬊即囟，腦門也。

到首也。賈侍中說：此斷首到縣𥄉字。

凡𥄉之屬皆从𥄉。古堯切

𥄉此𥄉首字。今俗以梟為之，非是。木部「梟不孝鳥也。日中捕鳥而磔之，从鳥頭在木上」又本部縣字云「繫也」大徐曰「此本是縣挂之縣，借為州縣之縣。今俗加心別作懸，義無所取」而「縣官」連用，則屢見漢書。是天子之偁，天子縣心於百姓，故云。

須

面毛也（段作「頤下毛也」）从頁从彡。凡須之屬皆从須。臣鉉等曰此本須鬢之須。頁，首也。彡，毛飾也。借為所須之須。俗書从水，非是。相俞切

案。須下說解段作「頤下毛也」是。蓋頤下曰須。兩頰曰䫇。口上曰頿也。又須本為須鬢字。今則借作所須之須。而以作鬚為須鬢字矣。本書立部「䇓，待也」。雨部「需，䇓也」。是䇓待字。

彡

毛飾畫文也。象形。凡彡之屬皆从彡。所銜切

彣

䰮也。从彡从文。凡彣之屬皆从彣。無分切

有部「彣，有彡彰也」是則凡言有文章皆當作彣彰。與解作「逪畫也」之文異義。論語「郁郁乎文哉」已省借作文矣。

錯畫也。象交文。凡文之屬皆从文。無分切

錯當作逪。辵部「逪，迹逪也」。金部「錯，金涂也」。易繫傳曰「物相雜，故曰文」。逪斯雜矣。又許君說文敘云「黃帝之史倉頡，見鳥獸蹏迒之迹，知分理之可相別異也。初造書契，依類象形，故謂之文」。象形指事謂之文，會意形聲謂之字，故許君自慄其書曰說文解字。

髟

長髮猋猋也。从長从彡。（段氏依選注引補「一曰白黑髮雜而髟」）凡髟之屬皆从髟。必凋切又所銜切

犬部「猋，犬走皃」，猋與髟聲近，猋猋應是髟髟之段。玉篇正作髟髟也。

后

繼體君也。象人之形，施令以告四方，故厂（余制切）之，从一口。發號者君后也。凡后之屬皆从后。胡口切

段氏「象人之形」下作「从口，易曰后以施令告四方」，案「象人之形」者謂厂為橫丿也，而復云「故厂之，从一口」義

未能詳。段改當是。又引易姤象「施令以告四方」所以釋从口之意。

臣司事於外者。从反后。凡司之屬皆从司。息茲切

外。對君而言。書君陳「爾有嘉謀嘉猷。則入告爾后於內。爾乃順之於外。曰斯謀斯猷。惟我后之德」。是君司事於內臣司事於外之證。又詩鄭風羔裘「邦之司直」。毛傳「司。主也」。主其事者必伺察。故引伸之義為察也。人部無伺。蓋本只作司。人部「候。司望也」。「伏。司也」。豸部下曰「欲有所司殺形」。皆俗作伺。大

徐人部新坿始有「伺，候望也。」

卮

卮

圜器也。一名觛。所以節飲食。象人，卩在其下也。易曰。君子節飲食。凡卮之屬皆从卮。章移切

角部「觛，小觶也。徒旱切（音斷）」是酒器。又「節飲食」之節當作卩。本書部目卩下云「瑞信也」。竹部「節，竹約也」。今易頤卦象辭「君子以慎言語節飲食」亦已作節矣。

卩

卩

瑞信也。守國者用玉卩，守都鄙者用角卩，使山邦者用虎卩，土邦者用人卩，澤邦者用龍卩，門關者

用符卩，貨賄者用璽卩，道路者用旌卩，象相合之形。凡卩之屬皆从卩。子結切

「守國者用玉卩」以下，周礼地官掌節文。又本部下有「卪，卩也。闕。則候切」則凡節奏字本當作卩卪。竹部「節，竹約也」，本部「奏，進也」，今經典已作節奏矣。

印

執政者所持信也。从爪卩。凡印之屬皆从印。於刃切

色

顏气也。从人卩。凡色之屬皆从色。所力切

古文

礼記祭義「孝子之有深愛者必有和气，有和气者必有愉色，有愉色者必有婉容。」論語「正顏色，斯近信矣」孟子「仁義礼智根於心，其生色也睟然見於面，」是心達於气，气達於顏，顏气與心若合符卪，故字从人卪。

卯　卯

卯　卯

（應依繫傳篆作卯，段氏桂氏同）事之制也。从卪卩。凡卯之屬皆从卯。闕。去京切（音卿）

闕，謂闕其音也。大徐依孫氏切韻作去京切，然玉篇廣韻竝曰「說文音卿，蓋取以卿讀讀之」今案

辟

本部「卿，章也。从卯皀聲」。卿讀去京切，用卯為義，不為聲也。卯字說解云「事之制也。从卪卩」。能有卪有卩，則事有所制矣。玉篇卯，子兮反，是就制字之平聲讀之。廣韻子礼切，是就制字之上聲讀之也。當兩從之。

辟

法也。从卪辛。節制其辠也。从口。用法者也。凡辟之屬皆从辟。必益切。

案：「辟，法也」者，詩大雅板「無自立辟」，小雅雨無正「辟言不信」。傳竝云「辟，法也」。又字「从卪辛」，所以卪制其辠。

故引伸之義為皇辠也。書呂刑有大辟之訓。爾雅釋詁「辟，皇也。」「从口，用法者也。」故又訓君也。書洪範「惟辟作威」爾雅釋詁「辟，君也。」又案古籍每段辟為「治也」之𨐨。本部「𨐨，治也。从辟从井。周書曰我之不𨐨。」今書金縢已作辟矣。又人部「僻，避也。从人辟聲。詩曰宛如左僻」厂部「廦，仄也」今詩魏風葛屨「宛如左辟」大雅板「民之多辟」已竝作辟矣。

勹

裹也。象人曲形，有所包裹。凡勹之屬皆从勹。布交切

(3)

包裹之包當作勹。今包行而勹廢矣。

（段有「妊也」二字）象人褢妊。巳在中。象子未成形也。元气起於子。子。人所生也。男左行三十。女右行二十。俱立於巳。為夫婦。褢妊於巳。巳為子。十月而生。男起巳至寅。女起巳至申。故男秊始寅。女秊始申也。凡包之屬皆从包。布交切

案左右當作ナ又。「男ナ行三十。女又行二十。俱立於巳。為夫婦」者。ナ行。謂順數。男自子順數。凡三十得巳。又行。謂逆數。女自子逆數。凡二十亦得巳。為夫婦者。

周礼媒氏「令男三十而娶女二十而嫁」「男起巳至寅女起巳至申故男季始寅女季起申」者男子自巳順行十得寅故人十月而生於寅男子數從寅起也女子自巳逆行十得申亦十月而生於申故女子數從申起也今日者起小運男子起寅女子起申蓋古法也

茍

自急敕也从羊省从包省从口口猶慎言也（段作「从羊省从勹口勹口猶慎言也」段改是）从羊羊（段删此）與義善美同意凡茍之屬皆从茍 己力切

古文羊不省

条苟訓自急敕也，引伸之義為誠也。大學「苟日新」，論語「苟志於仁矣」皆此字，與艸部「苟，艸也，从艸句聲，古厚切」之苟字形音義迥殊。敬字即从攴苟會意。

鬼（應篆作鬼）人所歸為鬼。从人，由。（依段補）象鬼頭。鬼侌气賊害，从厶。（段作「从厶，鬼侌气賊害，故从厶」）凡鬼之屬皆从鬼。居偉切

𩲡 古文从示

「人所歸為鬼」者，礼記祭法「人死曰鬼」，注云「鬼之言歸也」。祭義「眾生必死，死必歸土，此之謂鬼。骨肉斃

於下。陰為野土」。礼運「列於鬼神」。注云「鬼者精魂所歸」。郊特牲「魂气歸於天。形魄歸於地」。左傳「子產曰。鬼有所歸。乃不為厲」。

甶

鬼頭也。象形。凡甶之屬皆从甶。（音拂）敷勿切

畏。禺字从此。

厶

姦衺也。韓非曰。蒼頡作字。自營為厶。凡厶之屬皆从厶。息夷切

嵬

此公厶之本字。韓非五蠹云「昔者倉頡之作書也，自環者謂之厶，背厶謂之公」今則通作私矣。禾部「私，禾也」

（段有「山石崔嵬」四字）高不平也。从山鬼聲。凡嵬之屬皆从嵬。五灰切

巍字从此。

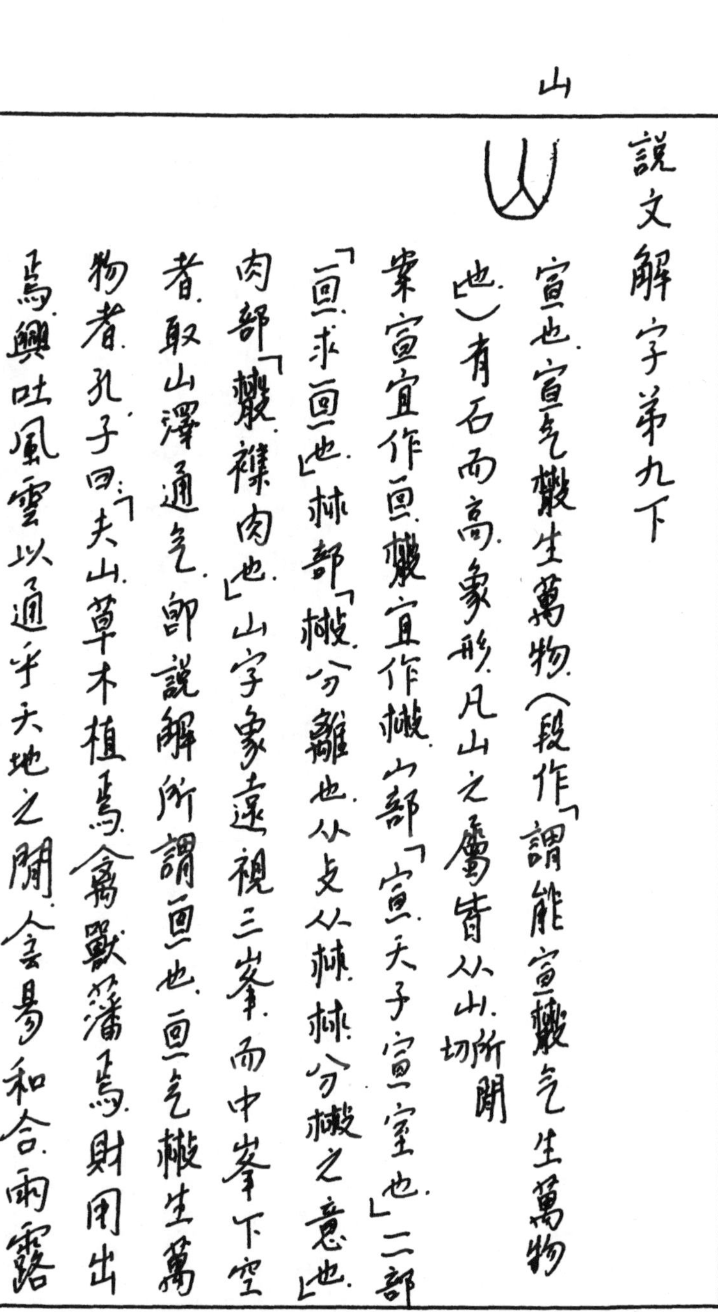

說文解字第九下

山

宣也。宣气散生萬物。（段作「謂能宣散气生萬物也」）有石而高。象形。凡山之屬皆从山。所閒切

案宣宜作亘。散宜作𢿱。山部「宣。天子宣室也」。二部「亘。求亘也」。𣏟部「𢿱。分離也。从攴从𣏟。𣏟。分𢿱之意也」。肉部「散。襍肉也」。山字象遠視三峯。而中峯下空者。取山澤通气。即說解所謂亘也。亘气𢿱生萬物者。孔子曰。「夫山草木植焉。禽獸蕃焉。財用出焉。興吐風雲以通乎天地之閒。陰昜和合。雨露

之澤，萬物以成。」

屾

二山也。凡屾之屬皆从屾。所臻切（音莘）

各本从屾下有「闕」，蓋闕其讀若也。

屵

屵高也。从山厂，厂亦聲。凡屵之屬皆从屵。五葛切（卬入聲）

广

因广（段作「厂」是）為屋。（段補「从厂」二字）象對刺高屋之形。凡广之屬皆从广。讀若儼然之儼。魚儉切

「對剌」是連緜字。高聳之形。剌，盧達切。作七亦切之刺字者非是

厂

山石之厓巖，人可居。象形。

籀文从干

凡厂之屬皆从厂。呼旱切

居，應作凥。几部「凥，処也」，尸部「居，蹲也」

丸

圜，傾側而轉者。从反仄。凡丸之屬皆从丸。胡官切

莊子徐无鬼「市南宜僚弄丸而兩家之難解」荀子大略「流丸止於甌臾，流言止於智者」

危

在高而懼也。从厃。（段補「人在厓上」）自卪止之。

凡危之屬皆从危。魚為切

厂部「厃，仰也。从人在厂上。魚毀切（又上聲）」厃，人在厂上，从厃，是高也。登高臨深，是以懼。孝經曰「在上不驕，高而不危。制節謹度，滿而不溢」，故自卪止之。

石

山石也。在厂之下。〇象形。

凡石之屬皆从石。常隻切

不云从厂而云在厂之下者，明〇是象石之形，非字。小徐謂「口音圍」者恐非。

長

久遠也。从兀。从匕。兀者高遠意也。久則變匕。亾聲。(段「亾聲」二字在「从也」下)𠂒者倒亾也。凡長之屬皆从長。臣鉉等曰。倒亾不亾也。長久之義也。直良切

古文長

亦古文長

案人部無倒字。當作到。又本書敘於叚借舉令長。蓋此字借義獨多。書益稷「咸建五長」。周礼天官大宰「乃施則於都鄙而建其長」。此借為官長也。書伊訓「立敬惟長」。此借為長幼也。易乾文言「元者善之長也」。是借為宗長也。孟子「無物不長」。是借為生長也。皆直兩切。易泰彖「君子道長」。文賦「故無

取乎宂長」是借為消長也。直亮切。孟子「今交九尺四寸以長」是借為長短也。直良切。

州里所建旗。象其柄，有三游。雜帛，幅半異。所以趣民，故遽稱勿勿。凡勿之屬皆从勿。文弗切

勿或从㫃。

趣猶促也。顏氏家訓勉學篇引作「所以趣民事。故悤遽者稱勿勿」。又勿勿亦為勉勉之聲轉。詩小雅北山「黽勉從事，不敢告勞」。劉向引作「密勿」。蓋是魯詩。密勿，猶勿勿也。又毋勿雙聲，不勿疊韻

故勿或借作不也毋也。論語「非礼勿視」。

冄

毛冄冄也。象形。凡冄之屬皆从冄。而琰切（指事）

冄冄。柔弱下垂皃。詩小雅巧言「荏染柔木」。傳曰。「荏染、柔意也」。染即冄之叚。至離騷「老冄冄其將至兮。恐脩名之不立」。王逸注「冄冄。行貌」。則又叚冄為冘矣。本書冂部「冘、冘冘。行皃。余箴切」。又冄。今隸變或誤作冉。孜冉乃冓之下半。凡从冓省。字如再、爯等乃作冉。不得與此混也。

而

頰毛也。（段作「須也」）象毛之形。周礼曰作其鱗之而。凡而之屬皆从而。臣鉉等曰今俗別作髵非是 如之切

周礼攷工記梓人「作其鱗之而」鄭注「之而。頰頷也」按而之本義為須也。凡借為汝也。詞也者。乃「汝」「爾」「乃」字之聲轉耳。

豕

彘也。竭（負舉也）其尾。故謂之豕。象毛足而後有尾。讀與豨同。按今世字。誤以豕為彘。以彘為豕。何以明之。為啄琢从豕。蟸从彘。皆取其聲。以是明之。臣鉉等曰此語未詳。或後人所加 凡豕之屬皆从豕。式視切

古文

段氏曰：「毛，當作頭四二字」說非。又「㮑今世字」云云，所辨者乃俗字。又發端言㮑，必非許君之言。鼎臣以為後人所加，信然。

㣇

（篆）

脩豪獸。一曰河内名豕也。从彑，下象毛足。凡㣇之屬皆从㣇。讀若弟。羊至切（音異）

（篆）籀文

彑

（篆）

豕之頭。象其銳而上見也。凡彑之屬皆从彑。讀若罽。居例切（制、計二讀）

豚

（篆）

小豕也。从彖省，象形。（段作「从古文豕」，無「象形」二字。）从又持肉，以給祠祀。凡豚之屬皆从豚。徒魂切

豸

豸 篆文从肉豕

獸長脊，行豸豸然，欲有所司殺形。

凡豸之屬皆从豸。池爾切

豸之本義是獸長脊，引伸之為長也。張衡西京賦「增嬋娟以此豸」，段玉裁曰：「此豸謂婀娜之長，亦長義之引伸」。豸又叚借作廌，左傳宣公十七年「庶有豸乎」，注：「解也」。又周易釋卦辭之文字謂之彖，攷彑部「彖，豕走也」，與易義無涉，繫辭傳訓彖，像也，彖，材也，爻，效也，皆以聲近為訓，則彖

𤉡　兕　易

字應是多之段借易辭用多者亦察而中之之意

𤉡

如野牛而青（段作「色青其皮堅厚可制鎧」）象形與禽离頭同（象形下段有「𤉡頭」二字）凡𤉡之屬皆从𤉡　徐姊切

兕

古文从儿

易

蜥易蝘蜓守宮也象形祕書說日月為易象侌易也一曰从勿凡易之屬皆从易　羊益切

本書虫部「蜥蜥易也」「蝘在壁曰蝘蜓在艸曰蜥易」

爾雅釋魚「蠑螈蜥蜴；蜥蜴蝘蜓；蝘蜓守宮也」又

象

許君引祕書說、蓋即緯書。按易緯參同契「日月為易、剛柔相當」。參同契、漢魏伯陽撰、伯陽與叔重同時。許君博采通人、其書或未行於世、故曰祕也。

長鼻牙、南越大獸、三秊一乳、象耳牙四足之形（段：足下有尾字）。凡象之屬皆从象。徐兩切

象本是南越大獸之名、凡解作形象者皆像字之叚、人部「像、似也」。易繫傳曰「象也者像此者也」。

說文解字第十上

馬

(篆文)怒也。武也。象馬頭髦尾四足之形。凡馬之屬皆从馬。莫下切

(古文)古文

(籀文)籀文馬與影同有髦。

馬訓怒也武也是以疊韻為訓。

廌

(篆文)解廌獸也。似山牛(段無山字)一角。古者決訟令觸不直(段有「者」字)象形。从豸省(句讀刪此)凡廌之屬皆从廌。宅買切

漢書司馬相如傳上林賦「弄獬豸」張揖曰「獬豸。

似鹿而一角。人君刑罰得中。則生於朝廷。主觸不直者。令可得而弄也」又論衡是應篇「觟䚦者。一角之羊也。性知有罪。皋陶治獄。令羊觸之。有罪則觸。無罪則不觸。斯蓋天生一角聖獸。助獄為驗。故皋陶敬羊。坐起與之。此則神奇瑞應之類也」

鹿

獸也。象頭角四足（尾）之形。鳥鹿足相似。从匕。（段作「比」）凡鹿之屬皆从鹿。盧谷切

麤

行超遠也。从三鹿。凡麤之屬皆从麤。倉胡切

㲋　兔

按鹿性善驚懼故引伸之為麤莽之偁而長大粗疏字則本作觕角部「觕角長皃从角爿聲」今則統作粗米部「粗疏也从米且聲徂古切」是米之粗疏今俗作糙非是論語「飯疏食」疏食即粗米也

獸也似兔青色而大象形頭與兔同足與鹿同凡㲋之屬皆从㲋 丑略切（酌卓二音）

篆文

獸名象踞後其尾形（段「獸」「踞」上皆有「兔」字）兔頭與㲋頭同凡兔之屬皆从兔 湯故切

廣雅「兔脫也」兔善逃失故借為兔脫字隸變作脫免本書無免字蓋即兔也然力部「勉彊也从力免聲」

萈

犬

則冕字蓋本作冕。而冕古音讀如勉也。段於部末補「免逸也。从兔不見足。會意」是強解。

萈

山羊細角者。从兔足。苜聲。凡萈之屬皆从萈。讀若丸。寬字从此。臣鉉等曰。苜徒結切。非聲。疑象形。胡官切（音桓。丸亦胡官切）

按。四上部目「苜。目不正也。讀若末」。萈之入聲是活。與末疊韻。大徐曰「非聲」。未是。

犬

狗之有縣蹏者也。象形。孔子曰。視犬之字如畫狗也。凡犬之屬皆从犬。苦泫切

按。孔子曰云云。今不見羣書。

犾

兩犬相齧也。从二犬。凡犾之屬皆从犾。語斤切

按宋玉九辯「兩犬狺狺而迎吠兮，關梁閉而不通。」狺是俗字，葢本作犾也。又五上部目「虤，虎怒也。」左傳「心不則德義之經為頑，口不道忠信之言為嚚。」頑嚚，本作虤犾。㗊部「嚚，語聲也。」頁部「頑，梱頭也。」

鼠

穴蟲之總名也。象形。凡鼠之屬皆从鼠。書呂切

繫傳曰：「上象齒，下𠃊象腹爪尾。鼠好齧傷物，故象齒。」

能熊屬。足佀鹿。从肉。㠯聲。（段作㠯聲。）能獸堅中。故偁賢能。而彊壯偁能傑也。凡能之屬皆从能。臣鉉等曰：㠯非聲。疑皆象形。

奴登切

按㠯聲者。能與台、耐。蓋古音皆讀為而。而部之耏耐字是而聲。後轉為奴台切。再復轉為奴登切耳。台从㠯聲。怡从㠯聲可證。大徐謂㠯非聲。未是。又古籍能耐聲近互通。礼記礼運「故聖人耐以天下為一家」鄭注：「耐。古能字」又樂記「故人不耐無樂」鄭注：「耐。古書能字也」白沙詩「能飢謀藝稷。冒寒思植桑」能猶耐也。

熊

獸佀豕，山凥，冬蟄，从能，炎省聲。凡熊之屬皆从熊。羽弓切

按炎省聲者，熊羽弓切讀容，容與炎聲轉。

火

燬也（段作焜也）南方之行，炎而上。象形。凡火之屬皆从火。呼果切

按火，古讀呼燬切此㠯疊韻為訓。詩豳風七月「七月流火，八月授衣。」是火衣為韻，衣叶上聲。「南方之行」者，易說卦「離為火」。又「離也者，明也，南方之卦也」。「炎而上」者，書洪範「水曰潤下，火曰炎上，木曰曲直，金曰從革，土爰稼

稽」

炎

炎 火光上也。从重火。凡炎之屬皆从炎。于廉切

書洪範「火曰炎上」。火之性，炎盛而升上。引伸之為盛大之偁。莊子齊物論「大言炎炎」。簡文注「炎炎，美盛貌」。

黑

黑 火所熏之色也。（段於篆字下有「北方色也」四字。）从炎上出囪。囪，古窗字。（段本無此四字。）凡黑之屬皆从黑。呼北切

黑為北方之色者，易說卦「坎者水也，正北方之卦也」。北方壬癸屬水，其色黑。

囱

說文解字第十下

在牆曰牖，在屋曰囱。象形。或从穴（段本刪此）古文

凡囱之屬皆从囱。楚江切

本書片部「牖，穿壁以木為交疏窻也」穴部「窻，通孔也。从木悤聲。楚江切」按蒼頡解詁「窗，正牖也。牖，旁窗也。所以助明者也」窗與牖對則異，散則通。與穴部注「通孔」之窻字義八。段於窻下云「淺人所增」恐未然。

焱

火華也。从三火。凡焱之屬皆从焱。以冄切（音冄）

按火華猶言火光盛也。即炎之引伸義。

炙

炮肉也。（炮，段作炙。）从肉在火上。凡炙之屬皆从炙。之石切

𤎱（應篆作）𤎱籀文

火部「炮，毛炙肉也。」此云「炮肉也」是二字互訓。又詩小雅瓠葉二章「炮之燔之」三章「燔之炙之」毛傳「毛曰炮，加火曰燔，炕火曰炙。」許君炮炙互訓，段改炮為炙，泥矣。

赤

南方色也。从大火。凡赤之屬皆从赤。昌石切

烾 古文从炎土

按火者南方之行。故赤為南方之色。

大

天大地大人亦大。故大（段作「人亦大焉」）象人形。古文大他達也。凡大之屬皆从大。徒蓋切

「天大地大人亦大」者。本書三下云：「天地人之道也」易繫傳「易之為書也。廣大悉備。有天道焉。有人道焉。有地道焉」老子「故道大。天大。地大。王亦大。域中有四大。而王居其一焉。人法地。地法天。天法道。道法自然」大戴礼

亦

曾子大孝：「天之所生，地之所養，人為大矣」，左傳文公七年「正德利用厚生」，賈逵曰：「正德，人德，利用，地德，厚生，天德」，又易乾文言「大人者與天地合其德」，故人亦大，大象人形者，謂天地之大，無由象之，以作字，以人與天地參，故象人形，以作大字也，又按亣許君說解云「籀文大」，而大徐於「古文大」下音他達切，疑非。

人之臂亦也，从大，象兩亦之形，凡亦之屬皆从亦，臣鉉等曰：今別作腋，非是。

羊益切（指事）

手部「掖，以手持人臂投地也，一曰臂下也」，按亦之本義為人之臂亦，掖為扶掖，俗以亦為語詞，而必作腋為臂亦或誤掖為之，而亦之本義廢矣。淺人遂於掖下妄加「一曰臂下也」之語。

夨

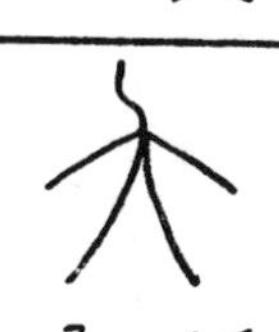

傾頭也。从大，象形。凡夨之屬皆从夨。阻力切

厂部「仄，側傾也。从人在厂下」。「仄，籀文从夨」。人部「傾，仄也」。「側，旁也」。傾仄轉注。仄籀文从夨，而此言傾頭，以其字形言也。又日部「昃，日在西方時側也。从日仄聲」。是日之昃。

夭

屈也。从大，象形。凡夭之屬皆从夭。於兆切

交

按此屈折之義。凡古籍作夭夭者為少盛皃。如詩經周南桃夭「桃之夭夭」邶風凱風「棘心夭夭」皆是段借。木部「枖，木少盛皃。从木夭聲。詩曰桃之枖枖」是本字。又女部「𡝩，巧也。一曰女子笑貌」則是𡝩饒字。今俗作妖嬈。又示部「䄏，地反物為䄏」是䄏異字。今俗已作妖矣。

交脛也。从大，象交形。凡交之屬皆从交。古爻切（變體指事）

交之本義為交脛。引伸之凡相併相合相接相遘皆曰交。

尢 尣　　壺　　壹

尢

𡯂。曲脛也。（段作「𡯂也。曲脛人也」）从大。象偏曲之形。凡尢之屬皆从尢。烏光切（音汪）

尪 古文从㞷

壺

昆吾圜器也。象形。从大。象其蓋也。凡壺之屬皆从壺。戶吳切

缶部「匋」瓦器也。古者昆吾作匋。「昆吾」顓頊之後。己姓。

壹

專壹也。从壺吉聲。（段作「从壺吉。吉亦聲」）凡壹之屬皆从壹。於悉切

按專當作嫥。女部「嫥。壹也」二字互訓。寸部「專。六寸簿也」與嫥異字。又壺部「壼」壹壺也。从凶从壺。

不得泄凶也。易曰天地壹壺。」壹壺。謂天地会易二气已在潛中醞釀。壹壺醞釀也。今易繫傳「天地絪縕。萬物化醇。男女構精。萬物化生。」已作絪縕矣。又孟子「志壹則動氣。氣壹則動志。」壹亦是壹壺。潛動之意。

㚔

所以驚人也。从大从羊。（段改作㚔。「从大从𢆉。」）一曰大聲也。凡㚔之屬皆从㚔。一曰讀若瓠。一曰俗語以盜不止為㚔。㚔讀若籋。尼輒切（音聶）

按段依張參所據說文改羊為𢆉。蓋未加審覈。

忽於从羊之意，以从干有干犯之意，遂改篆㠯就之，恐未然。今按干部「羊，撖也。讀若飪，言稍甚也」，手部「撖，刺也」，撖有引致之義，羍之本義葢謂拘執皐人，故部屬多拘捕之類。又羍字今隸變作幸，與幸福字混淆。幸福字本作㚔，夭部「㚔，吉而免凶也。从屰夭。夭，死也。故死謂之不㚔」。凡圉、執、報等字皆从羍。

奢

張也。从大者聲。凡奢之屬皆从奢。式車切

籀文。臣鉉等曰：今俗作陟加切，㠯為奓厚之奓，非是。（唐讀奓為楂）

奢，張也。引伸之義為大也，又引伸為儉之反。論語「礼與其奢也寧儉」。

人頸也。从大省，象頸脈形。凡亢之屬皆从亢。古郎切

亢或从頁。

亢引伸之義為高也。讀去聲，苦浪切。廣雅釋詁「亢，高也。」一曰亢，極也。易乾卦「亢龍有悔」。子夏易傳曰：「窮高曰亢。」至頏則以為頡頏字，仍讀平聲，音行。詩邶風燕燕「燕燕于飛，頡之頏之」。毛傳「飛而上曰頡，飛而下曰頏」。頁部「頡，直項也」。

進趣也。从大十。大十，猶兼十人也。凡夲之屬皆从夲。讀若滔。土刀切

進趣有急亟之意。徐灝曰：「夲與夰意同而義別。夲者兼舉之義，故从十。十，具數也。夰者放縱之義，故从八。八，分也。大十，猶兼十八。」

夰

大

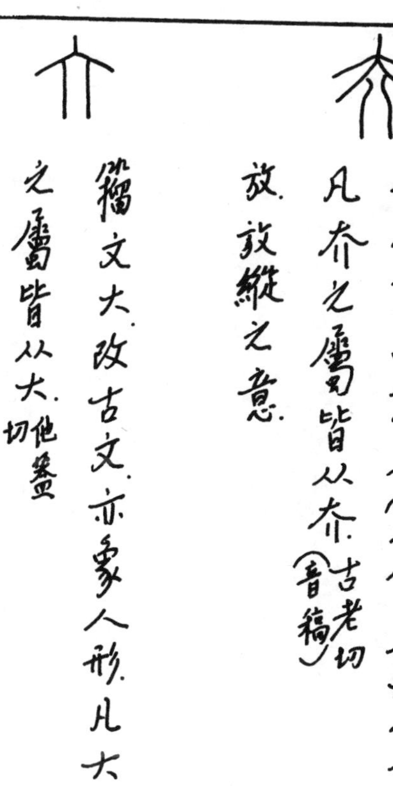

放也。从大而八分也。（段作「从大八。八，分也。」）凡夰之屬皆从夰。古老切（音稿）

放。敖縱之意。

籀文大，改古文。亦象人形。凡大之屬皆从大。他蓋切

夫

按大與介本一字異像、居上為大、在下為介、

丈夫也、从大一、一㠯象簪也、周制㠯八寸為尺、十尺為丈、人長八尺、故曰丈夫、凡夫之屬皆从夫、甫無切

夫字从大、一、大、象人形、一、象簪、人生二十而冠、冠而後有簪、故成人謂之丈夫、又周制㠯八寸為尺云云者、周礼攷工記文、蔡邕獨斷「夏㠯十寸為尺、殷㠯九寸為尺、周㠯八寸為尺」本書八下部目「尺、十寸也」尺部「咫、中婦人手長八寸、謂之咫、周尺也」十部「丈、十尺也、从又持十」

立　竝　囟

住也。从大立一之上。臣鉉等曰大人也一地也會意凡立之屬皆从立。力入切

住當作侸。本書無住字。人部「侸，立也」與此互訓。

竝：併也。从二立。凡竝之屬皆从竝。蒲迥切

人部「併，竝也」二字轉注。

囟：頭會匘蓋也。象形。凡囟之屬皆从囟。息進切（指事）

或从肉宰。

古文囟字

思　心

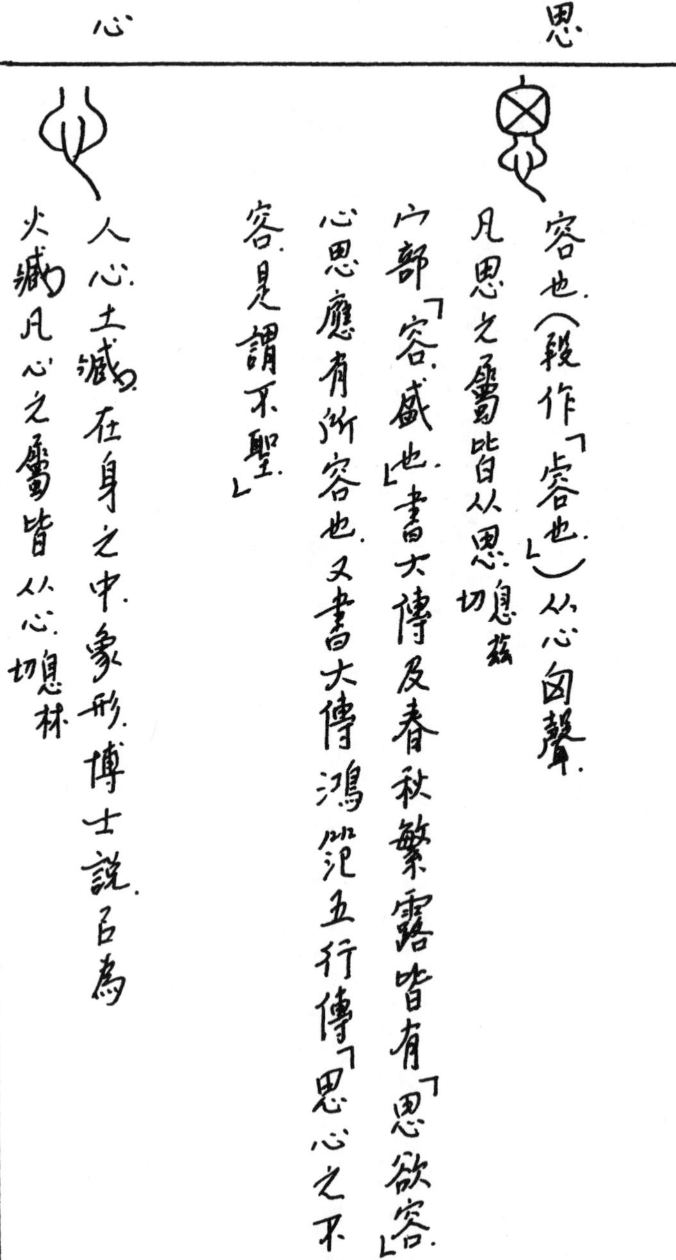

段改篆作⊗非是.

容也.（段作「睿也」）从心囟聲.

凡思之屬皆从思. 息茲切

宀部「容，盛也」書大傳及春秋繁露皆有「思欲容」心思應有所容也. 又書大傳鴻範五行傳「思心之不容，是謂不聖」

人心.土藏.在身之中.象形.博士說.㠯為火藏.

凡心之屬皆从心. 息林切

惢

按土藏者古文尚書說火藏者今文尚書說夏小正「大火者心也」又春秋元命苞「心者火之精」

心疑也从三心凡惢之屬皆从惢

讀若易旅瑣瑣 又才規才累二切（齊惢二音）

說文解字第十一上

準也。北方之行。象眾水竝流。中有微昜之气也。

凡水之屬皆从水。式軌切

本部「準。平也。」天下莫平於水。故大匠取法焉。水為北方之行者。易說卦「坎者水也。正北方之卦也。」

沝　頻

說文解字第十一下

沝　二水也。闕。凡沝之屬皆从沝。之壘切（音咀）

頻　水厓。人所賓附。頻蹙不前而止。从頁从涉。凡頻之屬皆从頻。臣鉉等曰：今俗別作水濱，非是。符真切

按：賓附字當作坿。𠂤部「附，附婁，小山也。符遇切」又土部「坿，益也。符遇切」又許書無蹙。蹙或本作戚。𥂁慽之叚。戉部「戚，戉也。」心部「慽，憂也。」頻之本義有頻厓、頻慽二義。隸變或易位作瀕，或省作頻。又以頻為頻數，以瀕為

厓岸。俗又別作濱字，而以部屬顰為頻慽字矣。

水小流也。周礼匠人為溝洫，梠廣五寸，二梠為耦；一耦之伐，廣尺深尺，謂之く；倍く謂之遂；倍遂曰溝；倍溝曰洫；倍洫曰巜。凡く之屬皆从く。姑泫切

（田巛）古文く从田从川。（段有「田之川也」）

（田犬）篆文く从田犬聲。

六畎為一畝。

周礼云云者，周礼攷工記「匠人為溝洫，梠廣五寸，二梠為耦，一耦之伐，廣尺深尺，謂之畎；田首倍之，廣二尺深二尺謂之遂；九夫為井，井間廣四尺深四尺謂之溝；方

十里為成。成閒廣八尺深八尺謂之洫。方百里為同。同閒廣二尋深二仞謂之澮。」「六畎為畝」者司馬法「六尺為步。步百為畝。」

巜

水流澮澮也。方百里為巜。廣二尋深二仞。

凡巜之屬皆从巜。古外切

澮澮當作活活。水部「澮。水出霍山西南入汾。」「活。水流聲。从水昏聲。古活切」澮是水名。巜則是水流聲。引伸之為同閒之溝。古籍復叚澮為巜。書益稷「濬く巜距川。」孟子「七八月之閒雨集溝巜皆盈」今已竝作澮矣。

川

毌貫(段作毋是)穿通流水也。虞書曰：濬く巜距(段作歫是)川。言深く巜之水。會為川也。凡川之屬皆从川。昌緣切

段毌貫作毋。距作歫。是。本書七上部目「毋穿物持之也」毋部「貫。錢貝之貫」足部「距。雞距也」止部「歫。止也」。

泉

水原也。象水流出成川形。凡泉之屬皆从泉。疾緣切

泉　灥　　永

泉之本義是水原。引伸之為貨泉。本書貝部說解云：「古者貨貝而寶龜，周而有泉，至秦廢貝用錢」周礼外府注云：「其藏曰泉，其行曰布」

三泉也。闕。凡灥之屬皆从灥。詳遵切（音旬）

長也。（段作「水長也」小徐本同）象水巠理之長。詩曰：江之永矣。凡永之屬皆从永。于憬切

永之本義是水長。引伸之為凡長之謂。詩周南漢廣「江之永矣」毛傳「永，長也」爾雅釋詁「永，遠也」。永部

屬羕下云「水長也」引詩江之羕矣.蓋三家詩異文也.文選登樓賦「路逶迤而脩迥兮川既漾而濟深」善注引韓詩曰「江之漾矣不可方思」羕又段水名之漾為之耳.

水之衺流別也.从反永.凡𠂢之屬皆从𠂢.讀若稗縣.徐鍇曰.永.長流也.反卽分𠂢也.匹卦切

𠂢卽水之支流.引伸之為流派.水部「派.別水也」與此義同.蓋古今字.而作為分與義則當作⿰糸𠂢.糸部「⿰糸𠂢.⿰木微絲也」

谷

仌

谷

泉出通川為谷。从水半見出於口。凡谷之屬皆从谷。古祿切

此與「𧮫口上阿也。其虐切」音劇之𧮫字形音義俱異。不可淆也。卻郤皆从𧮫。

仌

凍也。象水凝之形。凡仌之屬皆从仌。筆陵切

按部屬「冰。水堅也。从水仌。魚陵切。臣鉉等曰。今作筆陵切以為冰凍之冰」「凝。俗冰从疑。」仌者水寒所結。禮月令「孟冬之月。水始冰」經典多假冰為之。易坤卦「履霜堅冰至」詩小雅小宛「如履薄冰」皆讀冰為仌。筆陵切。而本義廢。又單以凝讀

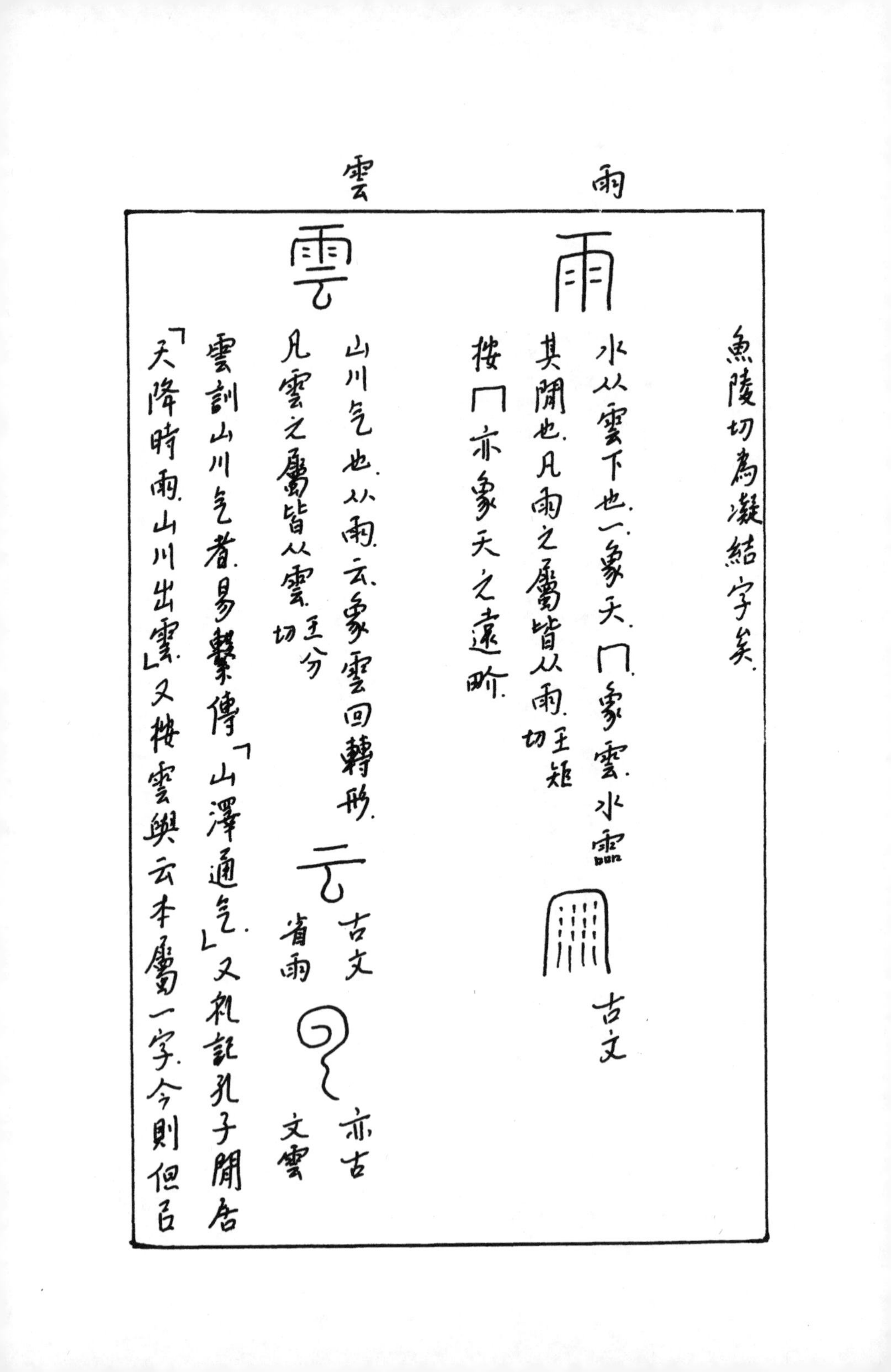

魚陵切爲凝結字矣.

雨

雲

雨

水从雲下也.一象天.冂象雲.水霝其閒也.凡雨之屬皆从雨.王矩切

古文

按冂亦象天之遠畍.

雲

山川气也.从雨.云象雲回轉形.凡雲之屬皆从雲.王分切

古文省雨

亦古文雲

雲訓山川气者.易繫傳「山澤通气」又礼記孔子閒居「天降時雨.山川出雲」又按雲與云本屬一字.今則但㠯

雲為雲雨字，而以云為語詞矣。

魚

水蟲也。象形。魚尾與燕尾相佀。凡魚之屬皆从魚。語居切

魚尾與燕尾相佀者，謂火象尾之枝，非从水火之火也。

鱻

二魚也。凡鱻之屬皆从鱻。語居切

燕

玄鳥也（段「玄鳥」上補「燕燕」二字）。籋口，布翄，枝尾。象形。凡燕之屬皆从燕。於甸切

龍

本書十二上部目「乚，玄鳥也，齊魯謂之乙，取其鳴自呼，象形，烏轄切」初學記「燕一名玄鳥，齊人呼乙」廣雅「玄鳥，燕也」礼記月令「仲秋之月，鴻雁來，玄鳥歸」注云「玄鳥，燕也」又竹部「籋，箝也，尼輒切」

鱗蟲之長，能幽能明，能細能巨，能短能長，春分而登天，秋分而潛淵，从肉，飛之形，（段「飛」上有「𦚏肉」二字，按當作「𦚏、象飛之形」）童省聲。臣鉉等曰象宛轉飛動之皃 凡龍之屬皆从龍，力鍾切

龍為鱗蟲之長者，礼記月令「季夏之月，其蟲倮」孔疏引大戴礼及樂緯云「鱗蟲三百六十，龍為之長，羽蟲三百

六十。鳳為之長。毛蟲三百六十。麟為之長。介蟲三百六十。黿為之長。倮蟲三百六十。聖人為之長。」

飛

鳥翥也。象形。凡飛之屬皆从飛。甫微切（指事）

羽部「翥，飛舉也。」

非

違也。从飛下翄。取其相背。

凡非之屬皆从非。甫微切

段：違作韋。是。本書五下部目「韋，相背也。」辵部「違，離也。」二字本異。今以韋專為皮韋字，而韋背違離通作違。又非訓韋也。引伸之為是之對語。

卂

疾飛也。从飛而羽不見。凡卂之屬皆从卂。息晉切

疾飛也。引伸為凡疾之偁。迅汛訊皆从此。

說文解字第十二上

乚 玄鳥也。齊魯謂之乙。取其鳴自呼。象形。凡乙之屬皆从乙。徐鍇曰此與甲乙之乙相類。其形舉首下曲。與甲乙字少異。烏轄切（音挖）

鳦 乙或从鳥

「乙玄鳥也」繫傳作「燕燕元鳥也」段作「燕燕乙鳥也」注云「元鳥二字淺人所增」按韻會作「燕燕元鳥也」廣韻引作「燕乙元鳥也」則「元鳥」二字非淺人所增。又此與甲乙之乙異字。孔字从此。

不

鳥飛上翔，不下來也。从一，一猶天也。象形。

凡不之屬皆从不。方久切（指事）

凡云「不然」者，皆「不下來」義之引伸。本部有「否，不也，从口不，不亦聲。方久切」不否音同，義亦不異，今則讀「不」為逋骨切矣。

至

鳥飛从高下至地也。从一，一猶地也。象形。不上去而至下來也。凡至之屬皆从至。脂利切（指事）

古文至

按「不上去而至下來」是合解「不」「至」二字之義。段氏於「不上去而至下」為句，蓋不成語。

西　棲　鹵

鳥在巢上，象形。日在西方而鳥棲，故因以為東西之西。凡西之屬皆从西。先稽切（鳥在巢上是指事，以為東西之西則是段借）

棲　西或从木妻

西　古文

西　籀文

鹵　西方鹹地也。从西省，象鹽形。安定有鹵縣，東方謂之㡿，西方謂之鹵。凡鹵之屬皆从鹵。郎古切

唐釋慧琳一切經音義引說文鹵字云「鹵方鹹地也，故从鹵省，下象鹽形也。天生曰鹵，人生曰鹽，鹽在正東方，鹵在正西方」又書禹貢「海岱惟青州……海濱廣㡿」㡿，廣㡿即多鹽也。

鹽

鹹也。从鹵監聲。古者宿沙初作煑海鹽。凡鹽之屬皆从鹽。余廉切

「鹽，鹹也」段作「鹵也。天生曰鹵，人生曰鹽」。蓋本一切經音義引。又宿沙煑鹽見世本作篇。宿沙，小徐謂是黃帝臣。魯連子曰：「宿沙瞿子善煑鹽，使煮漬沙，雖十宿沙不能得也」。

戶

護也。半門曰戶。象形。凡戶之屬皆从戶。侯古切

古文戶从木

門

聞也。从二戶。象形。（段本篆作，曰應从二戶之說。）凡門之屬皆从門。莫奔切

耳

主聽也（段本聽下增者字）象形。凡耳之屬皆从耳。而止切

𦣝

顄也。象形。凡𦣝之屬皆从𦣝。與之切

篆文𦣝

籀文从首

頁部「顄，頤也」二字轉注。又頁部「頷，面黃也」顄與頷音同而義異。今則通以頷為顄矣。繫傳𦣝下說解亦作頷。又𦣝之為象形者，橫視之則象矣。

手

拳也。象形。凡手之屬皆从手。書九切

古文手

本部「拲，手也」二字轉注。朱駿聲說「舒之曰手，卷之曰拳」，手兼ナ又二手。篆象五指及掌之形。引伸之以手持物亦曰手。公羊傳莊公十二年「手劍而叱之」是也。

𠦬

背呂也。象脅肋也。（段作「象脅肋形」）

凡𠦬之屬皆从𠦬。古懷切

本書七下部目「呂，脊骨也。象形」。「膂，篆文呂从肉从旅」。本部部屬「脊，背呂也」。𠦬、脊二字同義。又繫傳於「从𠦬」下有「讀若乖」，段本同，殆非許君之文。本書𦍌部「乖，戾也。从𦍌而八」。

說文解字第十二下

女

婦人也。象形。王育說。凡女之屬皆从女。尼呂切

女亦婦之通偁。對文則處子為女，適人為婦。女字象形者，謂象其長跪。古詩「長跪問故夫，新人復何如。」

毋

止之也。从女，有奸之者。凡毋之屬皆从毋。武扶切

民

段本作「止之詞言也。从女一。女有姦之者。一、禁止之。令勿姦也。」

礼記凡禁止之詞通用毋。古籍多假無為之。此與女部「母牧也。从女。象褱子形。一曰象乳子形。莫后切」之母字異。

民

眾萌也。从古文之象。凡民之屬皆从民。彌鄰切

古文民

說解「眾萌也」萌小徐作「氓」本部「氓。民也」

丿

右戾也。象左引之形。凡丿之屬皆从丿。徐鍇曰：其爲文舉首而申體也。房密切（音伐）

繫傳、義證竝「於小切」，音夭。小部「少」：「不多也。从小丿聲」。即从此得聲。又本部末「乀」：「左戾也。从反丿。讀與弗同。分勿切」。小部「尐」：「少也。从小乀聲。讀若輟。子結切」。

乀與下文余制切之厂、與弋支切之乁異。又本部「乂」从丿、乀相交，「弗」从丿、乀相韋」。

厂

抴也。明也。象抴引之形。凡厂之屬皆从厂。虒字从此。徐鍇曰：象丿而不舉首。余制切。（音曳）

乀

氏

乀

流也.从反厂.讀若移.凡乀之屬皆从乀.弋支切

手部「扡.拸也」「拸.臥引也」又「弋.橜也」从此.「也」字从此.又禾部「移.禾相倚移也」辵部「迻.遷徙也」

氏

巴蜀名山岸脅之(依段補「𠂤」字)旁箸欲落墮者曰氏.氏崩(依段補「聲」字)聞數百里.象形.乀聲.凡氏之屬皆从氏.揚雄賦.響若氏隤.承旨切(指事)

岸脅.卽旁.墮.應作陊.本書𠂤部「陊.敗城𠂤曰陊」.

氏

「墉篆文」「隤落也」象形者。ㄈ遠望之象。㠯〈象其崩。〈聲之〈音移。揚雄賦乃解嘲文。又氏坿箸於山。故引伸為姓氏。亦水原木本之義。

至也。（小徐段氏此下有「本也」）从氏下箸一。一，地也。凡氐之屬皆从氐。丁礼切

氐，至也。是氐達本字。又氐訓本也。則是根氐本字。後增木為柢耳。詩小雅節南山「維周之氐」。毛傳曰「氐，本也」。本書木部「柢，木根也」。又氏下有「氒。木本。从氏。大於末。讀若厥」。氒與氐本一字。隸變作氒。以為

檗弋字。音亦隨變矣。至本書手部「抵。擠也」是抵擠字。牛部「牴。觸也」是牴觸字。而广部「底。山尻也。一曰下也」是底下字。人部無低。新附始有之。

戈　戉

平頭戟也。从弋。一橫之。象形。凡戈之屬皆从戈。古禾切

斧也。从戈𠃉聲。司馬法曰。夏執玄戉。殷執白戚。周ナ杖黃戉。又秉白髦。凡戉之屬皆从戉。臣鉉等曰。今俗別作鉞。非是。王伐切

𠃉聲之𠃉。即下文「𠃉。鉤識也。从反亅。居月切」字。又司馬法是秋官所守。非今存者。

𢆡

施身自謂也。或說：我頃，頓也。从戈，从𠂇。𠂇，或說古垂字。一曰古殺字。凡我之屬皆从我。徐鍇曰：从戈者，取戈自持也。五可切

𢦐 古文我

按：施當作𢼸。本書㫃部「施，旗皃」，攴部「𢼸，敷也」。𢼸身自謂，言𢼸於身之自偁。「或說：我頃」，即段借為俄字。人部「俄，行頃也」。从戈，自衛之意。垂，邊垂。執干戈為社稷保衛邊垂也。「𠂇，或說古垂字。一曰古殺字」者，今垂下殺下並無此古文，未知所本。

亅

鉤逆者謂之亅。象形。凡亅之屬皆从亅。讀若橜。衢月切。（橜陽入）

逆當作屰。干部「屰，不順也」。辵部「逆，迎也」。本部但有乚一字，云「鉤識也。从反亅。讀若捕鳥罬。居月切。（音厥）」

琴

珡

禁也。神農所作。洞越。練朱五弦。周加二弦。（段本「周」下有「時字」）象形。凡珡之屬皆从珡。巨今切

古文珡
从金

珡經典通作琴。變篆文之人與古文之金為今。漢碑有之。今因仍之。琴訓「禁也」者，音樂正聲，調和人性。

禁人為亂。洞越。即疏越。謂弦柱之閒疏通。禮記樂記：「清廟之瑟。朱弦而疏越。一唱而三歎。有遺音者矣。」鄭注：「朱弦。練朱弦也。練則聲濁。」

乚

乚

匿也。象迟曲隱蔽形。凡乚之屬皆从乚。讀若隱。於謹切

本書辵部「迟。曲行也。綺戟切」迟曲。莊子作卻曲。莊子人閒世「迷陽迷陽。卻曲吾行。吾行卻曲。無傷吾足。」𨸏部「隱。蔽也。於謹切」乚與隱音義俱同。又乚與「左戾也。分勿切」之乀異。又與逌之从乃省者。形雖相似。而實異字

也。𠄎是乃之古文。今隸作乃。

亾

亾

逃也。从入乚。凡亾之屬皆从亾。武方切

辵部「逃，亾也」二字轉注。亾之本義是逃。引伸之則謂失為亾。亦謂死為亾。喪字从此。又叚借為有無之無。篆文𣞤字从亾。

匸

匸

衺徯。有所俠藏也。从乚。上有一覆之。凡匸之屬皆从匸。

讀與傒同。胡礼切（音係上聲）

俠段作夾按人部「俠俜也」俠臧之俠殆是段借大部「夾盜竊褱物也（失冉切）」恐亦非本字疑或當作匧匚部「匧臧也」或作夾大部「夾持也（古狎切）」又許書無傒字說解讀與傒同當作徯

匚

受物之器象形凡匚之屬皆从匚讀若方（府良切）

匚 籀文

匚象形者側視之則象矣又方圓之方字本當作匚方為方舟本書八下「方併船也」今以匚為受物之器而借方舟之方為方圓字矣

曲　　甾　（甾）

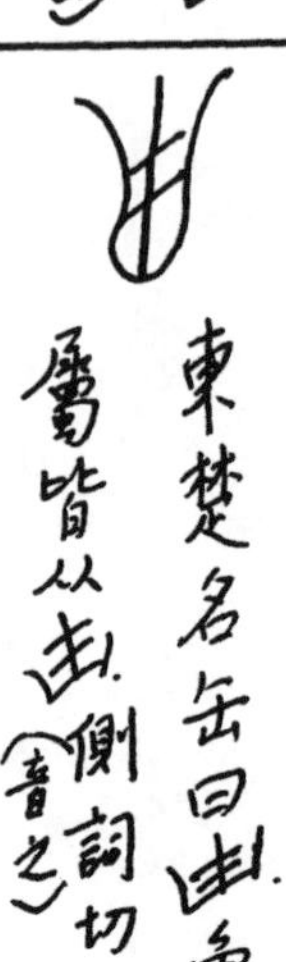

象器曲受物之形。或說曲，蠶薄也。凡曲之屬皆从曲。（段「凡曲」句在「或說」上）丘玉切

古文曲

按艸部有「䒼」蠶薄也。或說之義，蓋即段作䒼。莊子大宗師「或編曲或鼓琴」正作曲。

東楚名缶曰甾。象形。凡甾之屬皆从甾。側詞切（音之）

古文

按此字隸變宜從段氏作甾。各本通作甾，遂與艸部菑之或字甾相混，而廣韻誤認為是一字。又或以本書从由者凡三十餘字，而正文無由字，遂斷由即此字者，恐未然。按丂部「甹，木生條也。从丂由聲。商書曰：若顛木之有甹枿，古文言由枿。許君明謂「甹枿」古文作「由枿」，即「由」乃「甹」之古文，如許書無畾，亦即古文靁也。又土部「凷」墣也，从土一屈，「凷」與「由」形近而音義俱殊也。

瓦

土器已燒之總名，象形。凡瓦之屬皆从瓦。五寡切

土部「坏，丘再成者也，一曰瓦未燒」，則凡土器未燒之素謂之坏，已燒謂之瓦。

弓

㠯近窮遠（段此句上有「窮也」，「遠」下有「者」字）

象形，古者揮作弓，周礼六弓：王弓、弧弓、㠯射

甲革甚質。夾弓、庾弓、以射干侯鳥獸。唐弓、大弓、以授學射者。凡弓之屬皆从弓。居戎切

「古者揮作弓」者，見世本作篇。宋衷注云「黃帝臣也。」唐書世系表「少昊第五子揮始制弓矢」。荀子以為倕作弓。倕，堯臣。墨子謂羿作弓。說各不同。「甚質」猶堅的也。又周禮夏官司弓「干」作「豻」。蓋是本字。本書豸部「豻，胡地野狗」。

弜

彊也。（段有「重也」二字）从二弓。凡弜之屬皆从弜。（段有「闕」字。注云「謂其讀若不聞也」）其兩切（彊上聲）

此即偪強蟜強字今經典通作強虫部「強蚚也」弓部「彊弓有力也」是彊大字又力部「勥迫也」則是勥迫字

弦

弓弦也从弓(應補「糸」)象絲軫之形凡弦之屬皆从弦(臣鉉等曰今別作絃非是胡田切)

絲軫之軫應作紾車部「軫車後橫木也」糸部「紾轉也」又糸古文糸字

系

繫也(段作「縣也」)从糸丿聲

凡系之屬皆从系(胡計切)

系或从毄處

籀文系

𦃃 从爪絲

「𠂆聲」者，是「抴也，余制切」之「𠂆」，非「右戾也，房密切」之「丿」。

說文解字弟十三上

糸

細絲也。象束絲之形。凡糸之屬皆从糸。讀若硯。徐鍇曰：一蠶所吐為忽，十忽為絲。糸，五忽也。莫狄切

古文糸

素

白緻（段作致）繒也。从糸、𠂹，取其澤也。凡素之屬皆从素。桑故切

「白緻繒」，段改緻為致。是許書無緻字。礼記礼器「德產之致也精微」，注云：「致，致密也」。則素是絹之精密者。所以作為書寫之用。澤，謂潤澤，水回潤下，故从𠂹。

絲　率

絲

蠶所吐也。从二糸。凡絲之屬皆从絲。息茲切

率

捕鳥畢也。象絲网。上下。其竿柄也。凡率之屬皆从率。所律切

畢。田网也。所㠯捕鳥。率之本義為畢。今則凡䢦領。督䢦、將𧗿、皆適作率。而率之本義不行矣。本書辵部「䢦。先道也。」是䢦領。督䢦字。而行部「𧗿。將𧗿也。」是將𧗿字。又或叚帥為𧗿。而讀若稅。按巾部「帥。佩巾也。所律切」「帨。帥或从兌。又音稅。」帥之本義為佩巾。今則叚作將𧗿字。而單㠯或字之帨為佩巾矣。

𧈧

一名蝮，博三寸，首大如擘指，象其臥形。物之微細，或行（段有「或飛」是），或毛，或蠃（段蠃作蠃），或介，或鱗，以虫為象。凡虫之屬皆从虫。許偉切

說文解字弟十三下

䖵

[篆]

蟲之總名也。从二虫。凡䖵之屬皆从䖵。讀若昆。古魂切

䖵是蟲之總名。凡言昆蟲者皆䖵之借字。日部「昆同也」。又弟部「罤周人謂兄曰罤。从弟眔」。是罤弟仲罤弟字。今則叚昆為之。

蟲

[篆]

有足謂之蟲。無足謂之豸。从三虫。凡蟲之屬皆从蟲。直弓切

風

八風也東方曰明庶風東南曰清明風南方曰景風西南曰涼風西方曰閶闔風西北曰不周風北方曰廣莫風東北曰融風風動蟲生故蟲八日而化从虫凡聲凡風之屬皆从風方戎切

古文風

風古讀「孚音切」詩邶風綠衣「絺兮綌兮淒其以風我思古人實獲我心」風心為韻楚辭九章涉江「乘鄂渚而反顧兮欸秋冬之緒風步余馬於蘭皋兮邸余車兮方林」風林為韻

它

虫也从虫而長象冤曲𠂹尾形上古艸凥患它故相問無它乎凡它之屬皆从它託何切

它或从虫。臣鉉等曰：今俗作食遮切。

按上古穴居野處，故「艸居患它」，「相問無它」，猶今書問曰無恙。應劭風俗通義「無恙」俗說疾也，凡人相見及書問者，曰無疾耶。按上古之時，艸居露宿，恙，噬人蟲，善食人心，凡相勞問曰無恙，非為疾也」。它與蛇本一字，今則別而為兩，以蛇讀「食遮切」為龍蛇字，而它則為「無它」「其它」或第三者之偁。又俗作他，許書無此，古籍或叚佗為之，人部「佗，負何也」，「何，儋也」，「儋，何也」。佗是儋何字。

舊也，外骨內肉者也，从它，龜頭與它頭同，天地之性，廣肩無雄，龜鼈之類，以它為雄，（段有𦐇）象足甲尾之形，凡龜之屬皆从龜，居追切

古文 龜

龜訓舊也者，龜舊聲近，本書「龜火，灼龜不兆也，从火从龜，讀若焦，即消切」籀文炢之龜字从龜火，龜古音鳩，漢書地理志有龜茲國，音鳩慈，又莊子秋水篇「吾聞楚有神龜，死已三千歲矣，王巾笥而藏之廟堂之上」灼龜以舊為貴，故亦訓舊也，

黽　卵

𪓑黽，鼃也。从它，象形。黽頭與它頭同。臣鉉等曰：象其腹也。凡黽之屬皆从黽。莫杏切

籀文 黽

凡物無乳者卵生。象形。凡卵之屬皆从卵。盧管切（段本有卝古文卵）

段增卝篆，云「古文卵」。注云「各本無，今依五經文字、九經字樣補。五經文字曰：卝，古患反，見詩風。字林不見。又古猛反，見周礼。說文以為古卵字。九經字樣曰：說文作卝，卝隸變作卵。是唐本說文有此無疑」。按本書絲部「𦃃，織絹以糸貫杼也。从絲省，卝聲。古還切」。石部「磺，銅鐵樸石也。从石黃聲。古猛切」「卝，古文磺。周礼有卝

二

」人。周礼地官卝人「掌金玉錫石之地」鄭注「卝之言礦也」。是卝人之卝為古猛切，乃礦之古文。又詩齊風甫田「總角丱兮」毛傳「丱，幼稺也」。總角丱，是未冠之僮稺。丱，總是古還切𢇍字之段。五經文字九經字樣說似未詳檢許書。至有是誤，而段氏因之遂補卝篆於卵下，而刪礦下之古文，恐未是

二

弍 古文

地之數也。从偶（小徐段氏作「从耦」）

凡二之屬皆从二。而至切

易繫傳曰「天一地二天三地四天五地六天七地八天九地十。天數五，地數五，五位相得而各有合」一三五七九為

土

天數。二四六八十為地數。許君以地數專屬之二者。漢書律歷志「地之數始於二」。舉二以括其餘也。又偶段作耦。是耒部「耦二伐為耦」人部「偶桐人也」。凡奇耦。耦而耕。皆宜作耦。

地之吐生萬物者也。二象地之下地之中。（依段本補「丨」）物出形也。凡土之屬皆从土。它魯切

丨，即「引而上行讀若囟」字。土訓地之吐生萬物者。白虎通「中央者土。土主吐含萬物。土之為言吐也。」御覽引元命苞「土之為言吐也」。易坤文言「至哉坤元。萬物資生」。離彖「百穀艸木麗乎土」。漢書五行志「土。中央。

生萬物者也。

垚

垚

土高也。从三土。凡垚之屬皆从垚。吾聊切

堇

堇

（段篆作□）黏土也。从土。从黃省。

□ □ 皆古文堇

凡堇之屬皆从堇。巨斤切。（音銀或勤）

（段□篆作□）

里

里

凥也。从田从土。凡里之屬皆从里。良止切

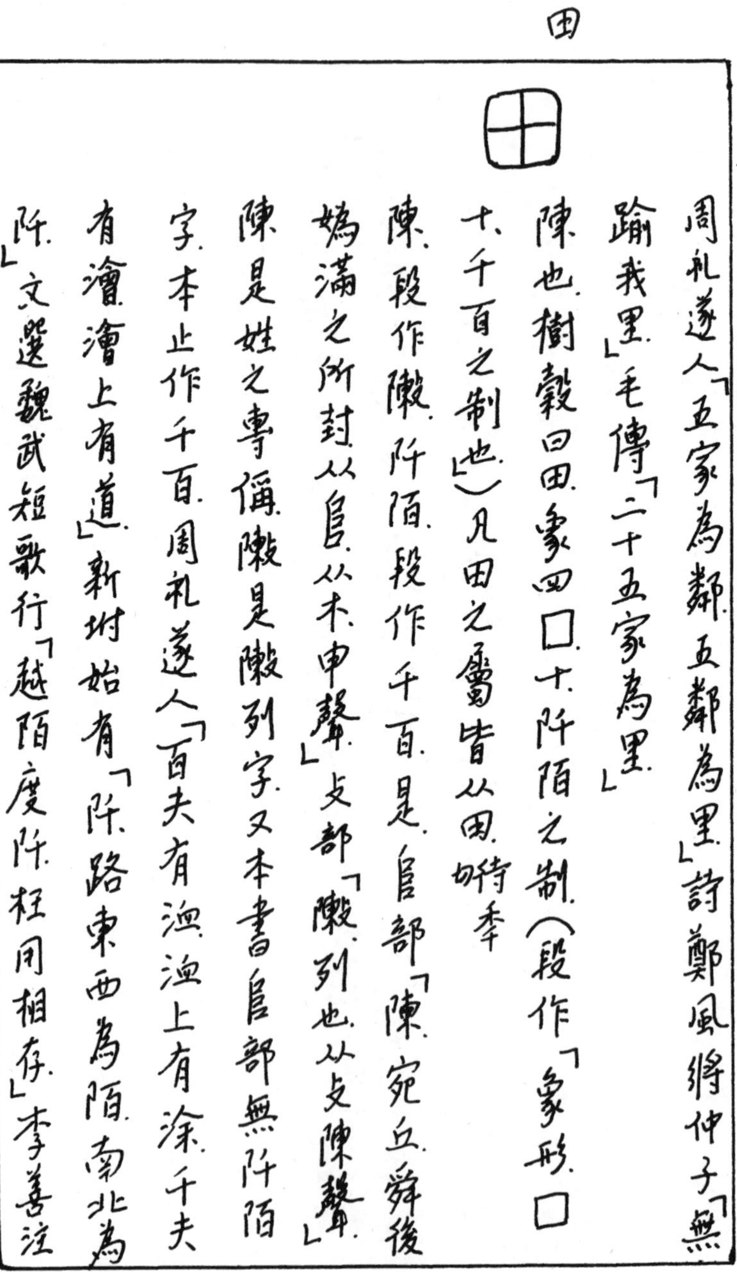

田

周礼遂人「五家為鄰。五鄰為里。」詩鄭風將仲子「無踰我里」毛傳「二十五家為里。」

陳也。樹穀曰田。象四口。十，阡陌之制。（段作「象形。口十，千百之制也」）凡田之屬皆从田。待年切

陳。段作敶。阡陌。段作千百。是。𨸏部「陳，宛丘，舜後媯滿之所封。从𨸏，从木，申聲」攴部「敶，列也。从攴陳聲」陳是姓之專偁。敶是敶列字。又本書𨸏部無阡陌字。本止作千百。周礼遂人「百夫有洫。洫上有涂。千夫有澮。澮上有道」新坿始有「阡，路東西為陌。南北為阡」文選魏武短歌行「越陌度阡，枉用相存」李善注

畕

引應劭風俗通義「里語曰：越陌度阡，更為主客。」史記秦本紀索隱引曰：「南北為阡，東西為陌。河南以東西為阡，南北為陌。」又此字說解當以「象四口」為句，謂田之四畔也。十，象其中千百之道。又按田，古籍或段作畋。詩齊風甫田：「無田甫田。」攴部「畋，平田也。」或段佃為畋。人部「佃，中也。」易繫傳「以佃以漁。」佃宜作畋。

比田也。从二田。凡畕之屬皆从畕。（段此下有「闕」字。注云：「此謂其音義闕也。」）居良切

畺畍字从此。畺是疆之本字。

黃

黃 地之色也。从田从炗。炗亦聲。（段作「从田炗聲」）古文黃

炗，古文光。凡黃之屬皆从黃。乎光切

易坤文言「夫玄黃者，天地之襍也。天玄而地黃」，是黃為地之色。

男

男 丈夫也。从田力。言男用力於田也。（段作「言男子力於田也」）凡男之屬皆从男。那含切

本書「夫」下云「丈夫也。周制以八寸為尺，十尺為丈，人長八尺，故曰丈夫」。又白虎通爵篇「男，任也，任功業也」。

力

力 筋也。象人筋之形。治功曰力，能圉大災。

凡力之屬皆从力。林直切

劦

本書四下部目「筋，肉之力也。」筋力二字轉注。筋為體，力為用。引伸之凡能勝任皆曰力，又為勉力，力役。

同力也。从三力。山海經曰：惟（應作雞）號之山，其風若劦。凡劦之屬皆从劦。胡頰切

山海經北山經「雞號之山，其風曰𩗗。」郭璞注「𩗗，風急貌也。」本部下有「恊，同心之和，从劦心。」「勰，同思之和，从劦思。」「協，眾之同和，从劦十。」徐鼎臣曰：「十，眾也。」「旪，古文協从日。」「叶，或从口。」劦、恊、勰、協，音同，義亦相近。

說文解字第十四上

金 五色金也。黃為之長。久薶不生衣。百鍊不輕。從革不韋。西方之行。生於土。从土。ナ又注。象金在土中形。今聲。凡金之屬皆从金。居音切

古文金

五色金者：白金銀。青金鉛。赤金銅。黑金鐵。與黃金合而為五。黃為之長。遂獨專其名。「不生衣」謂不變色也。「百鍊不輕」不耗損也。「從革不韋」者。書洪範「金曰從革」。革、改也。變更也。謂可依意變改以

幵

成器.「西方之行」者.白虎通五行.「金在西方.西方者.陰始起.萬物禁止.金之為言禁也.」

平也.象二干對構.上平也.凡幵之屬皆从幵.徐鍇曰.幵.但象物平.無音義也.古賢切.(音堅)

「二干對構」.應依段本作冓.本書木部「構.蓋也.」四下部目「冓.交積材也.象對交之形.」按本部下無部屬.而形刑字皆从此.木部「栞.槎識也.从木.㚘.闕.」「栞.篆文从幵.」篆文栞从幵.幵本字从㚘.許書無㚘.故說解云闕.幵之象二干對冓.取上平之意.「干.犯也.从反入.从一.」之干字與之異.故小徐謂無音義也.

勹　几　且

挹取也。（段作「料也，所以挹取也」）象形，中有實，與包同意。凡勹之屬皆从勹。之若切（指事）

踞几也。象形。周禮五几：玉几，雕几，彤几，䰍几，素几。凡几之屬皆从几。居履切

「踞几」段作「凥几」，是凥几，謂人所凥之几也。本部「凥，処也」「処，止也。得几而止」尸部「居，蹲也」「踞，俗居从足」古人坐則凭几。本部「凭，依几也」蹲則未有依几者。

薦也。（段「薦」上有「所以」二字）从几，足有二橫，一，其下地也。凡且之屬皆从且。子余切，又千也切（指事）（小徐段本有且，古文㠯

為且。又石為几字。）

且，段借作語詞。詩鄭風褰裳「狂童之狂也且。」

斤

斫木也。（小徐段本「也」上有「斧」字。）象形。

凡斤之屬皆从斤。舉欣切

孟子「斧斤以時入山林，材木不可勝用也。」又「牛山之木嘗美矣，以其郊於大國也，斧斤伐之，可以為美乎。」莊子徐无鬼「匠石運斤成風，聽而斲之，盡堊而鼻不傷，郢人立不失容。」皆是斤之本義。漢書律歷志「十六兩為一斤。斤者明也。」是引伸義。

斗

十升也。象形。有柄。凡斗之屬皆从斗。當口切

斗已為星名者。北斗七星。南斗六星。皆象斗形。故已為名。

矛

酋矛也。建於兵車。長二丈。象形。凡矛之屬皆从矛。莫浮切

周礼攷工記「酋矛。常有四尺」八尺曰尋。倍尋為常。故云二丈。

古文矛从戈。

車

輿輪之總名。夏后時奚仲所造。象形。凡車之屬皆从車。尺遮切

籀文車

𠂤

按許君謂夏后時奚仲所造，蓋本世本、尸子、墨子、淮南、呂覽同。然易繫傳「服牛乘馬，引重致遠，以利天下，蓋取諸隨」，則是黃帝堯舜時已有車輿之利矣。太平御覽引釋名曰：「黃帝造車，故號軒轅氏」。

𠂤

小𠂤也。象形。凡𠂤之屬皆从𠂤。臣鉉等曰：今俗作堆。都回切

說文解字第十四下

𨸏

大陸。山無石者。象形。凡𨸏之屬皆从𨸏。房九切

古文

爾雅釋地「下溼曰隰。大野曰平。廣平曰原。高平曰陸。大陸曰𨸏。大𨸏曰陵。大陵曰阿」本書山下云「有石而高。象形」此處云「山無石者」是山與𨸏之所目異。在有石無石也。釋名云「土山曰𨸏」

𨺅

兩𨸏之閒也。从二𨸏。凡𨺅之屬皆从𨺅。房九切（應依敍作似醉切）

△
△△

按此字許君闕其音，大徐讀房九切。今據說解云「兩𨸏之間」，則𨺅當是詩大雅桑柔「大風有隧」及左傳隱公元年「隧而相見」之隧。許書無隧字，蓋本作𨺅。似醉切。

絫坺土為牆壁。象形。凡厽之屬皆从厽。力軌切（音呂。指事）

土部「坺，治也。一曰臿土謂之坺（音拔）蒲撥切」本部「絫，增也。从厽从糸。絫，十黍之重也。力軌切」「垒，絫墼也。从厽从土。力軌切」糸部「纍，綴得理也。一曰大索也。从糸畾聲。力追切（音纍）」按厽與垒音同義近，乃古今字，垒今作

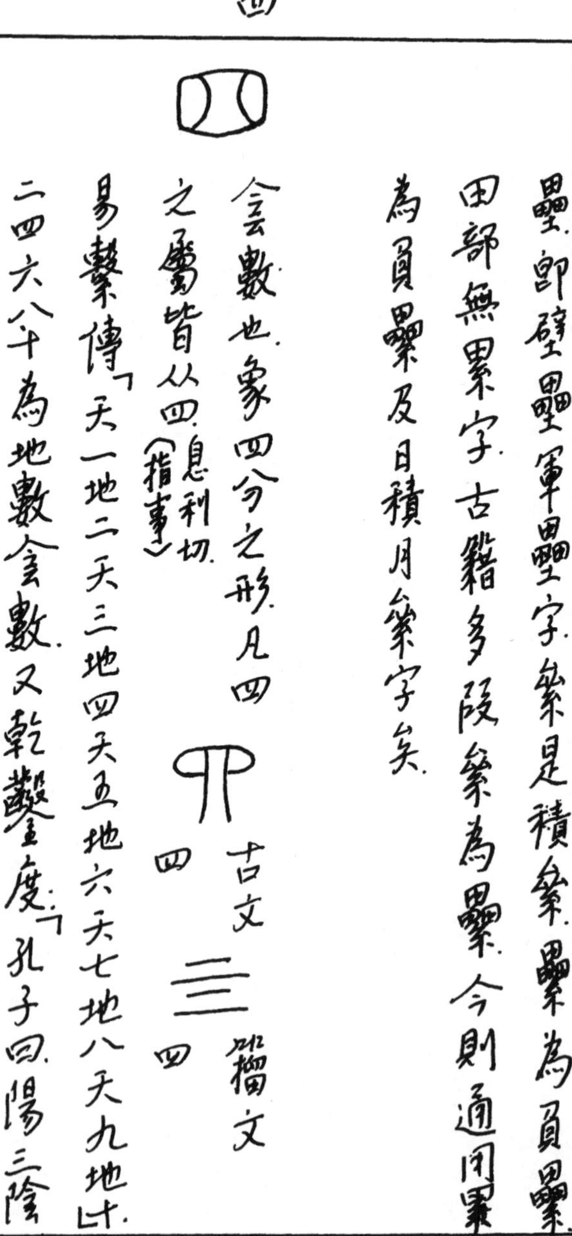

壘。卽壁壘軍壘字。纍是積纍。纍為負纍。田部無累字。古籍多叚纍為纍。今則通用累為負纍及日積月纍字矣。

侌數也。象四分之形。凡四之屬皆从四。息利切〔指事〕

古文 四

籀文 四

易繫傳「天一地二天三地四天五地六天七地八天九地十」二四六八十為地數侌數。又乾鑿度「孔子曰。陽三陰四。位之正也」

宁

辨積物也，象形，凡宁之屬皆从宁。直呂切（指事）

貝部「貯，積也，直呂切」宁與貯音同，義亦不異，蓋古今字。又以宁訓辨積物，按，辨「判也」，判則有分判，分置之意。引伸而為宁立字。許書無竚佇，新附始增「佇，久立也」

叕

綴聯也，象形，凡叕之屬皆从叕。陟劣切（音啜，指事）

叕訓「綴聯也」而綴下云「合箸也」，合箸亦聯綴之義。綴不隸糸部，疑綴即叕之重文，今則分而為二，而綴讀陟衛切。

亞

醜也。象人局背之形。賈侍中說以為次弟也。凡亞之屬皆从亞。衣駕切

易繫傳「言天下之至賾而不可惡也」。惡乃亞之段借。謂次弟也。

五

五行也。从二。侌昜在天地閒交午也。

古文五省

凡五之屬皆从五。臣鉉等曰：二，天地也。疑古切

按本書「午，牾也」。「牾，屰也」。交午猶交惡。言五行之相生相尅也。

六

七

昜之數，侌變於六，正於八，从入八。

凡六之屬皆从六。力竹切

昜之四象少侌少昜老侌老昜，卽六七八九，七九為昜，六八為侌，昜主進，故七為少昜，九為老昜，侌主退，故八為少侌，六為老侌，昜數窮於九，侌數窮於六，昜窮則變，故侌變於六，正於八，昜變於九，正於七也。

昜之正也，从一，微侌從中衺出也

凡七之屬皆从七。親吉切

「昜之正也」者，說見「六」字，从一，一卽昜也，有微侌，故七為少昜。

九

昜之變也。象其屈曲究盡之形。
凡九之屬皆从九。舉有切
九為昜之變者，說見卅六字。究，極也。

禸

獸足蹂地也。象形，九聲。尔足曰：狐貍貛貉醜，其足蹞，
其迹禸。凡禸之屬皆从禸。人九切（音酉）

蹂　篆文从
足柔聲

貉當作貈，豸部「貈，似狐，善睡獸」。「貉，北方豸種」。醜，
類也。蹞，是番之或字，釆部「番，獸足謂之番，从釆田」。

嘼

象其掌」「蹞、番或从足从煩」爾雅釋獸「貍狐貒貉醜其足蹯其跡厹」

犍也（段氏句讀犍作牲是）象耳、頭、足厹地之形古文嘼下从厹凡嘼之屬皆从嘼 許救切（音齅）

古文嘼下从厹則古文當篆作[illegible]。

甲

位東方之孟昜气萌動从木戴孚甲之象一曰（依小徐繫傳作「宂」一經（回）人頭宜（依小徐作「玄」通「元」）首也段作「空」召為「腔」字）為甲甲象人頭凡甲之屬皆从甲 古狎切

古文甲始於十見於

千成於木之象。

東方甲乙木，色青。十幹呂甲丙戊庚壬為昜。徐鍇曰：甲在東北，甲子昜气所起也。礼記月令：「孟春之月，天氣下降，地氣上騰，天地和同，艸木萌動。」「从木戴孚甲之象」者，孚，卵孚也。孚甲猶今言殼也。易解彖曰：「天地解而雷雨作，雷雨作而百穀艸木皆甲坼。」又攷漢書藝文志陰陽家有太壹兵法一篇，五行家有泰一陰陽二十三卷，泰一二十九卷，又天文家、雜家、方技家以泰壹名者凡五，不知此太一經何屬也。又按古文甲說解云云，未詳其義。

乙

象春艸木冤曲而出，侌气尚彊，其出乙乙也。與丨同意。乙承甲，象人頸。(此大一經文)凡乙之屬皆从乙。於筆切

十榦曰乙丁己辛癸屬侌。與丨同意者，小徐云「丨音徹，同為出也」。是丨為屮之段。本書屮云「屮木初生也。象丨出形，有枝莖也」。屯云「難也。象屮木之初生屯然而難。从屮貫一。一，地也」。與丨同意者，謂其出乙乙而難也。此與「乚玄鳥也。烏轄切」「乁流也。弋支切」「乀左戾也。分勿切」異，尤字从此。

丙

位南方，萬物成炳然。侌气初起，昜气將虧。从一入冂。一者昜也。丙承乙，象人肩。(此句大一經文)凡丙之

屬皆从丙。徐鍇曰：昜功成入於冂。冂，門也。天地侌昜之門也。兵永切

南方丙丁火。色赤。礼記月令「孟夏之月，其日丙丁。」鄭注「丙之言炳也。萬物皆炳然著見而強大。」五月夏至一侌生，於卦為䷫姤。是侌气初起，昜气將虧也。

丁

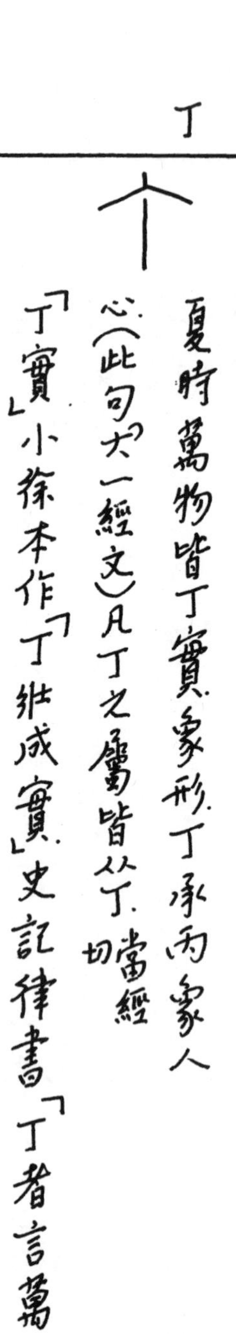

夏時萬物皆丁實。象形。丁承丙，象人心。（此句大一經文）凡丁之屬皆从丁。當經切

「丁實」小徐本作「丁壯成實」。史記律書「丁者言萬物之丁壯也。」

戊

中宮也。象六甲五龍相拘絞也。戊承丁，象人脅。（此句大一經文）凡戊之屬皆从戊。莫候切

禮記月令「中央土。其日戊己」。其色黃。鄭注「戊之言茂也。萬物皆枝葉茂盛」。六甲：是甲子、甲寅、甲辰、甲午、甲申、甲戌。即干支。五龍是五行。「六甲五龍相拘絞」謂干支五行相糾纏。

己

中宮也。象萬物辟藏詘形也。己承戊，象人腹。（此句大一經文）凡己之屬皆从己。居擬切　古文己

辟藏謂盤辟收藏也。己引伸之義為自己，以別於他人。己在中，人在外也。「己」與「巳」、巳也。詳里切」「㠯，用也。从反

巳。詳止切」巳已呂異字。

巴

蟲也。或曰食象蛇。象形。凡巴之屬皆从巴。徐鍇曰：一，所吞也。指事。伯加切

山海經海內經「巴蛇食象，三歲而出其骨」。張華博物志「巴蛇吞象，三歲出其骨」。金樓子志怪篇「巴蛇食象，三歲而出其骨，君子食之，無腹心之疾」。

庚

位西方，象秋時萬物庚庚有實也。庚承己，象人臍。（此句大一經文）凡庚之屬皆从庚。古行切

辛

西方庚辛屬金，其色白。禮記月令「孟秋之月，其日庚辛」鄭注「庚之言更也，辛之言新也，萬物皆肅然更改，秀實新成」象形者。謂 後變作 干聲。

秋時萬物成而孰。金剛味辛，辛痛即泣出，从一从辛。辛，辠也。辛承庚，象人股。（此句大一經文）凡辛之屬皆从辛。息鄰切

書洪範「金曰從革，從革作辛」故辛為金之氣味。禮記月令「孟秋之月，其味辛，其臭腥」「辛痛即泣出」故引伸之義為艱辛。辛从一䇂，䇂，辠也。凡古䇂，自辠。

辡

辡

辥、辭皆从辛。

辠人相與訟也。从二辛。凡辡之屬皆从辡。方免切

按此卽爭辡、辡論之本字。今則通用辯而辡廢矣。部屬「辯，治也。从言在辡之間。」古籍又多辯、辦互通。刀部「辨，判也。从刀辡聲。」是判斷之義，隸變作辨。以為辨別字，皆因後人不識釆字，易與从爪木之采字混淆，遂廢不用耳。本書二上部目「釆，別也。象獸指爪分別也。」又辦訓「判也。」因能判斷，故堪任事。又別作辦。

壬

壬

力部無此，新坿始有之。

位北方也。侌極昜生，故易曰：龍戰于野。戰者接也。象人裹妊之形。承亥壬吕子生之敍也。與巫同意。壬承辛，象人脛。脛任體也。（吕上大一經文）凡壬之屬皆从壬。如林切

北方壬癸屬水，其色黑。礼記月令冬三月皆曰「其日壬癸」鄭注：「壬之言任也。癸之言揆也。時萬物懷任於下，揆然萌芽。」釋名：「壬，妊也。陰陽交物懷妊，至子而萌也。」「承亥」者，六甲壬承亥，卽辛亥、壬子、甲辰旬是。榦之壬與支之亥子同屬水，水旺於子，故壬吕子生。又壬之本義

有肩壬儋壬，壬橫視之卅象人儋物皃，後㠯爲十榦之專義，遂㠯任爲肩任字，人部「任，符也」孟子滕文公下「昔者孔子沒三年之外，門人治任將歸」趙岐注「任，儋也」

冬時水土平，可揆度也，象水從四方流入地中之形，癸承壬，象人足，(㠯上廿五經文)凡癸之屬皆从癸，居誄切

籀文从癶从矢

釋名「癸，揆也，揆度而生乃出之也」

子

十一月昜气動，萬物滋，入㠯為偁。（「入」，段正作「人」是）象形。凡子之屬皆从子。李陽冰曰：子在襁緥中，足併也。即里切

古文子，从巛，象髮也。

籀文子，囟有髮，臂脛在几上也。

周建子，故從子數，周㠯子為正月，即夏之十一月，冬至一昜生於昜為䷗復卦。

了

尦也。从子無臂，象形。凡了之屬皆从了。盧鳥切（指事）

無臂環抱，即糾繚之意。尢部「尦，行脛相交也。力弔切（音廖）」亦糾繚意。今㠯了為憭然、憭悟字，蓋是叚借。心部「憭，慧

也。又了字部屬「孑」。無又臂也。居桀切」「孓」。無ナ臂也。居月切」孑孓皆細微意。引伸為幼蟲之謂。

孨

謹也。从三子。凡孨之屬皆从孨。讀若翦。旨兗切

今粵音偁小兒曰仔。本作孨。人部「仔。克也。子之切」是仔肩字。

𠫓

不順忽出也。从到子。易曰。𠫓如。其來如。不孝子𠫓出不容於內也。(繫傳段本「也」下有「𠫓。即易突字也」)凡𠫓之屬皆从𠫓。他骨切

或从到古文子。

即易突字。

丑

易離卦九四「突如其來如焚如死如棄如」作「突」本書穴部「突犬从穴中暫出也从犬在穴中」𠫭與突音同而義異後人不知𠫭字故通作突「不孝子𠫭出不容於內」者易離卦九四象曰「突如其來如无所容也」周礼秋官司寇掌戮「凡殺其親者焚之」魏如淳曰「焚如死如棄如者謂不孝子也不畜於父母不容於朋友故焚燬棄之」

紐也十二月萬物動用事象手之形時加丑（「時」段作「日」）亦舉手時也凡丑之屬皆从丑 勑九切

史記律書「丑者紐也」本書糸部「紐系也一曰結而可解」

礼記月令「季冬命農計耦耕事」鄭注「明大寒氣

寅

過農事將起也」

丑是十二月二昜生於昜爲䷒臨卦

髕也正月昜气動去黃泉欲上出侌尙彊象宀

不達髕寅於下也凡寅之屬皆从寅徐鍇曰髕斥之意人陽气銳而出上閡於宀臼所以擯之也弋真切

古文寅

按骨部「髕厀耑也(毗忍切頻上聲)」寅訓「髕也」無義段氏以爲是「濥」字之誤今攷水部「濥水脈行地中濥濥也(弋刃切音孕)」恐亦未是疑應是「𩒎」字之誤本書十一下部目「𩒎水厓人所賓附頻蹙不前而止」(符真切)

俗作濵，濵與髕形譌也。小徐言「擯斥」殆即「瀕戚」說解之「髕寅」，即粵方音「頻闌」急速之意。寅是正月，三昜生，於昜為☷☰泰卦。

卯

冒也。二月，萬物冒地而出。象開門之形。故二月為天門。凡卯之屬皆从卯。莫飽切

𨙨 古文卯

史記律書「卯之言茂也，言萬物茂也」。五行木旺於卯。「二月為天門」者，史記天官書「蒼帝行德，天門為之開」。又丣「象開門之形」，與古文酉之丣「開門象」二字異篆。一象開門，一象閉門，而今混厶矣。如「畱，止也。从田丣聲」。

今書作留「𤰝止也从土从畱省」今亦作𤰝矣

卯二月四陽生於陽為䷡大壯卦

辰

震也三月陽气動靁電振民農時也物皆生从乙（段作「从乙匕」）匕象芒達厂聲也辰房星天時也从二二古文上字凡辰之屬皆从辰 徐鍇曰 匕音化 乙艸木萌初出曲卷也臣鉉等曰三月陽气成艸木生上徹於土故从匕厂非聲疑亦象物之出植鄰切

𠨑 古文辰

按晶部「曟房星為民田時也」「晨晶曟或省」此訓「辰房星」則是晶曟之再省又本書三下部目「𦥑辰早昧爽也」今已叚晨為之矣又辰下云「厂聲」大徐曰「厂非聲」者疑此厂聲當是「余制切」之厂非「呼旱

切」之厂。

巳

三月五昜生，於昜為䷪夬卦。

巳也。四月昜气巳出，侌气巳臧，萬物見，成彣彰，故巳為蛇，象形。凡巳之屬皆从巳。詳里切

史記律書「巳者言萬物之巳盡也」巳引伸之義為巳盡巳然，巳止。今則以作巳，讀羊止切。古籍多段「㠯」用也為之。

巳，四月純昜，於昜為䷀乾卦。

午

啎也。五月，侌气午屰昜，冒地而出。（段此下有「也」「象形」）此與矢同意。凡午之屬皆从午。疑古切

未

午下部屬「啎、屰也」史記律書「午者、陰陽交、故曰午」礼記月令「仲夏之月陰陽爭」鄭注「爭者、陽方盛、陰欲出也」

四月純昜、五月夏至一陰生、於昜為䷫姤卦。

味也、六月、滋味也。五行、木老於未、象木重枝葉也。凡未之屬皆从未。無沸切

口部「味、滋味也」書洪範「木曰曲直、曲直作酸」史記律書「未者、言萬物皆成有滋味也」未於字義是滋味、於字形則象枝葉重疊。叉段借為未然之詞、於五行則木老於未、謂庫於未也。木長生在亥、臨官在

在寅帝旺在卯庫於未故亥卯未三合會木局又未無部屬刀部「刺裁也」今隸變作制

六月二侌生於易為䷠遯卦

申

神也七月侌气成體自申束从臼自持也吏㠯餔時聽事申旦政也凡申之屬皆从申 失人切

（段篆作）

古文 申

籀文 申

「申神也」者申神聲近風俗通「神者申也」左傳莊公三十二年「神聰明正直而壹者也」「吏㠯餔時聽事申旦

政也」者本書食部「餔日加申時食也」左傳昭公元年「朝以聽政夕以修令」餔時是三至五時

七月三陰生於易為䷋否卦

酉

就也八月黍成可為酎酒象古文酉之形凡酉之屬皆从酉與久切

丣 古文酉从卯卯為春門萬物已出丣為秋門萬物已入一閉門象也

「酉就也」者酉就聲近又酉西方秋也物皆成象而就也本書「酎三重醇酒也」

八月四陰生於易為䷓觀卦

酋

戌

繹酒也。从酉，水半見於上。禮有大酋，掌酒官也。凡酋之屬皆从酋。字秋切

繹之言昔也，久也。繹酒即昔酒，舊酒。禮記月令「仲冬乃命大酋」。鄭注「酒孰曰酋。大酋者，酒官之長」。引伸之羌胡名大帥為酋。

滅也。（段作烕）九月，昜气微，萬物畢成，昜下入地也。五行，土生於戊，盛於戌。从戊含一。（段作「从戊一，一亦聲」）凡戌之屬皆从戌。辛聿切

按「滅」段作「烕」是。水部「滅，盡也」。火部「烕，滅也。从火戌。」

火死於戌，昜气至戌而盡」

九月五会生於昜為䷖剝卦，五会消一昜，故昜气散，五行戊己屬土，从「从戌含一」者，一謂昜，从戌含一，卽从土含昜，「土盛於戌」者，謂庫於戌，淮南子天文訓：「土生於午，壯於戌，死於寅」，今攷五行命理是土長生在寅，帝旺於午，死於酉，庫於戌，昜生会死，淮南謂土死於寅者，蓋是会云土。

亥

荄也，十月微昜起，接盛会，从二，二古文上字也，一人男，一人女也，从乚，象褢子咳咳之形，春秋傳曰：亥有二首六身。凡亥之屬皆从亥。胡改切（段从篆作）古文亥。亥與豕同。亥而生子，復從一起。

按艸部「荄，艸根也。古哀切」亥為木長生之地，生機藏焉，故以荄釋之。

十月純侌無昜，於昜為☷坤卦。爾雅釋天「十月為陽」以其純侌，故名為昜，亦侌極昜生之意。故說解謂微昜起，接盛侌也。又按說解引春秋傳見左襄三十年。二首六身者，蓋指筆畫言。

說文解字通檢

一畫

一 一
丨 四
丶 五一
𡿨 一二二
[illegible] 三五 雲重
乚 一二八
丿 一三二
乀 一三二
亅 一三四
乚 一三五
乙 一五四

二畫

丄 一
八 六
凵 八
丩 十六
十 十七
又 二三
𠂇 二四
𠘧 二七
卜 二八
[illegible] 二八 卜重
刀 四〇
乃 四五
丂 四五
厶 五一
入 五四
冂 五五
丂 七三
冖 八一
人 八五
匕 八五
匕 八六
儿 九二
卩 九九
勹 一〇二
厶 一〇三
厂 一〇五
巜 一一三
𠂆 一三二
匸 一三五
匚 一三六
[illegible] 一三六 曲重
二 一四三
力 一四五
几 一四七
乂 一五一 五重

七 一五二
九 一五二
丁 一五四
了 一五八

三畫

上 一
三 二
士 四
屮 五
小 六
口 八
彳 十一

叉 十一
干 十五
寸 二七
幺 三六
刃 四一
丌 四二
工 四三

亏 四六
亼 五三
及 六〇
夂 六一
久 六一
才 六三
乇 六六

囗 六八
夕 七二
宀 七九
冂 八一
巾 八三
尸 八九
彡 九七

山 一〇四
广 一〇四
丸 一〇五
彑 一〇八
大 一二五
才 一二九
川 一三三

凡 一二七
女 一三二
亾 一三五
弓 一三七
土 一四三
勺 一四七
丑 一四七 且重

己 一五五
子 一五八
巳 一六一

四畫

字	頁
弌	一
皿	一 示重
王	二
气	三
牛	七
止	九
牙	十三
奴	十九
双	十九
爪	二三
丮	二三
支	二四
夊	二六
攴	二八
爻	二九
糸	三七 玄重
予	三六
丯	四一
曰	四五
兮	四六
丹	五二
井	五二
木	六二
之	六五
币	六五
市	六五
日	七〇
囘	七〇 月重
月	七一
毌	七三
片	七四
凶	七七
朩	七七
冃	八二
市	八三
从	八六
比	八六
壬	八七
毛	八九
尺	九〇
方	九一
先	九二
欠	九四
旡	九四
㞢	九四 旡重
丏	九六
文	九七
勿	一〇六
冄	一〇七
犬	一一一
火	一一三
夨	一一六
夭	一一六
介	一二七
亢	一二八
夫	一二九
屮	一二〇 囟重
心	一二〇
水	一二一
仌	一二五
云	一二五 雲重
不	一二八
户	一二九
手	一三〇
毋	一三一
氏	一三二
戈	一三三
系	一三九 糸重
斤	一四八
斗	一四八

三 一五〇 四重
五 一五一
六 一五二
内 一五三
巴 一五五
壬 一五七
厶 一五八

丑 一五九
午 一六一

五畫

示 一
玉 三 王重
玉 三
乎 七 釆重
半 七
八 九
正 十

疋 十三
冊 十四
只 十六
句 十六
古 十六
史 二四
聿 二五

皮 二七
用 二九
目 三〇
自 三一
丫 三三
玄 三七
歺 三九

户 三九 歺重
左 四三
甘 四四
乃 四五 乃重
可 四六
号 四六
皿 五〇

去 五一
日 五二 丹重
矢 五五
向 五五 冂重
出 六五
生 六六
禾 六七

旦 七〇
禾 七五
瓜 七九
穴 八〇
疒 八一
网 八二 网重
白 八四

北 八六
丘 八七
兄 九二
司 九八
危 九九
卯 一〇〇
包 一〇一

六畫

七畫

八畫

九畫

十畫

十三畫